Markus Jehle

Wenn Jupiter auf Mars zugeht ...

Markus Jehle

Wenn Jupiter auf Mars zugeht ...

Kreative Astrologie für Fortgeschrittene

Ebertin

Freiburg im Breisgau

Die Deutsche Bibliothek – CIP-Einheitsaufnahme

Jehle, Markus:
Wenn Jupiter auf Mars zugeht ... : kreative
Astrologie für Fortgeschrittene / Markus Jehle. –
1. Aufl. – Freiburg im Breisgau : Ebertin, 1997
ISBN 3-87186-089-1

1. Auflage 1997
ISBN 3-87186-089-1

Lektorat: Beate Metz
Umschlag: Ulrike M. Bürger
Satz: Typomedia Satztechnik GmbH, Ostfildern
Druck und Bindung: Freiburger Graphische Betriebe, Freiburg im Breisgau
Printed in Germany

Für Reva
und Eva Maria

Inhalt

Einführung

Die Qualität der Zeit

Die folgenden Abschnitte enthalten drei Warnungen, danach können Sie loslegen.

Was Ihnen lieb ist

Sie mögen von der Astrologie halten, was Sie wollen, nichts kann Sie von deren Nützlichkeit mehr überzeugen als die Beschäftigung mit Transiten. Dazu brauchen Sie astrologische Grundkenntnisse und die Bereitschaft, mehr über Ihr bisheriges und künftiges Leben zu erfahren. Sollte dies mehr sein als Ihnen lieb ist, dann haben Sie bereits das Ende des Buches erreicht – erste Warnung. Verschenken Sie es bitte an jemanden, der Ihnen ebenfalls lieb ist.

Keine Sensationen

Ich hoffe, Sie lesen jetzt nicht deshalb weiter, weil Sie irgendwelche Sensationen erwarten. Transite beschreiben lediglich, was zu einem bestimmten Augenblick in der Luft liegt. Manche nennen dies auch »die Qualität der Zeit«. Was wir aus dieser Zeitqualität machen, bleibt weitgehend uns überlassen. Es mag Transite geben, die wir als spektakulär erleben, aber es gibt im Leben auch ruhige Zeiten, und diese haben ebenfalls ihre Transite.

Geneigte Sterne?

Die Sterne machen weder geneigt noch zwingen sie. Sie machen eigentlich gar nichts, außer ihre Bahnen zu ziehen. Und diese Bahnen, genauer gesagt die Bahnen der Planeten, bilden die Grundlage für die Deutung dessen, was in der Luft liegt, jeweils bezogen auf das, was gerade auf der Erde und bei jedem einzelnen von uns los ist. Wir können Transite nur deuten, wenn wir uns selbst und die Welt dadurch besser verstehen möchten. Vorhersagen, die unsere Selbsterkenntnis nicht erweitern, sind sinnlos. Sie werden trotzdem gemacht, weil manche mehr den Sternen geneigt sind als sich selbst und anderen.

Dynamische Lebensprozesse

Dieses Buch handelt vom Auf und Ab des Lebens, wie es durch die Transite der Planeten widergespiegelt wird. Alle Lebensprozesse sind dynamischer Natur und auf Entwicklung und Veränderung ausgerichtet. Nichts bleibt, wie es ist, und alles Leben ist Werden und Vergehen. Die Transite der Planeten geben uns lediglich tiefe Einblicke in diese dynamischen Lebensprozesse. Sie sind nicht die Ursache dessen, was wir auf Erden erleben.

Tolerante Planeten

Zum Glück sind uns die Planeten nicht böse, wenn wir ihnen die Schuld an dem geben, was alles passiert. Die Dummen dabei sind letztendlich wir, da wir auf diese Weise nie lernen, selbst die Verantwortung für uns und unser Leben zu übernehmen. Wenn Sie dieses Buch zu Ende lesen, werden Sie um einige Ausreden ärmer sein – dies ist die zweite Warnung. Die Transite der Planeten werden nicht, wie früher durchaus üblich, als unabänderlich über uns hereinbrechendes Schicksal beschrieben, das fast zwangsläufig mit bestimmten Ereignissen einhergeht, sondern als Aufforderungen, in Einklang mit uns und dem Kosmos zu handeln.

Alles im Griff?

Dies bedeutet nicht, daß wir unser Leben völlig in der Hand haben können. Es gibt Dinge, die sind größer als wir (die Löwe- und Schütze-Geborenen unter den Leserinnen und Lesern mögen mir dies nachsehen). Wir können unser Schicksal im Rahmen unserer Möglichkeiten selbst gestalten und sollten dies meiner Meinung nach auch bestmöglichst tun. Das heißt jedoch nicht, daß es dadurch überhaupt kein Schicksal mehr gäbe, wir sozusagen Gott (wer dies auch sein mag) spielen könnten.

Insbesondere die Transite von Uranus, Neptun und Pluto konfrontieren uns, beim gegenwärtigen Entwicklungsstand der Menschheit, mit kollektiven Notwendigkeiten, denen wir uns nicht ohne weiteres entziehen können. Wir teilen unser Leben auf diesem Planeten mit derzeit fast sieben Milliarden anderen Menschen und sind ständig auf welche von ihnen angewiesen. Daß dabei Dinge passieren, die weder wir noch andere gewollt haben, ist nur natürlich.

Wenn Sie sich also nur deshalb mit Transiten beschäftigen, um Ihr Leben vollständig in den Griff zu bekommen und auf alle Eventualitäten Ihres Daseins vorbereitet zu sein, dann werden Sie mit diesem Buch nicht glücklich werden. Vielleicht klappt es beim nächsten Mal, aber nach dieser dritten und letzten Warnung wird es Zeit, endlich loszulegen.

Die Grundlagen der Transite

Was sind Transite?

Der Begriff Transit läßt sich in etwa mit »Vorbeiziehen« (lat. *transitare*) übersetzen. Auf den Zeitpunkt unserer Geburt können wir ein Horoskop erstellen, das die Wurzel (lat. *radix*) oder Basis für die Deutung derjenigen Themen bildet, mit denen wir uns im Laufe unseres Lebens auseinanderzusetzen haben. Dieses »Radixhoroskop« setzt sich aus der momentanen Stellung der Planeten zum Zeitpunkt unserer Geburt zusammen.

Auch wenn diese Planetenstellungen als fixiert betrachtet werden, stellen sie dennoch nur eine Augenblicksaufnahme eines dynamischen Prozesses dar. Die einzelnen Planeten bewegen sich ständig weiter und bilden immer neue Konstellationen zueinander. Wenn wir diese sich neu bildenden Konstellationen in Bezug zu unserem Radixhoroskop setzen, dann sprechen wir von Transiten.

Entwicklung in der Zeit

Transite stellen zeitliche Entwicklungszyklen dar. Sie zeigen an, wann in unserem Leben wir mit welchen Grundthemen unseres Daseins auf eine bestimmte Weise konfrontiert werden. Da die fortwährende Bewegung der Planeten sich auch für weit in der Zukunft liegende Zeitpunkte exakt berechnen läßt, könnten wir bereits zum Zeitpunkt der Geburt genau ermitteln, wann welche Transite auf uns zukommen werden. In der Praxis steht jedoch die

Beschäftigung mit den gerade aktuellen Transiten im Vordergrund, da wir diese auf unsere gegenwärtige Lebenssituation beziehen und damit besser deuten und verstehen können.

Schicksalhafte Freiheit

Aus der Tatsache, daß sich sämtliche Transite unseres Lebens im voraus berechnen lassen, können wir auf eine gewisse Vorbestimmung bzw. Determiniertheit bezüglich unseres Lebens schließen. Offensichtlich sind wir nur in bestimmten Lebensphasen für entsprechende Entwicklungsschritte und damit einhergehende Erfahrungen »resonant«. Inwieweit wir diese »Resonanzphasen« nutzen, um in Einklang mit uns selbst und dem Kosmos zu leben, bleibt dagegen unserem individuellen Gestaltungswillen überlassen.

Die Zeitpunkte bestimmter Entwicklungsphasen sind also vorbestimmt, was wir daraus machen, obliegt jedoch unserem freien Willen und den zu diesem Zeitpunkt individuell vorhandenen Gestaltungsmöglichkeiten. Indem wir selbst entscheiden, was wir unter bestimmten zeitlichen Rahmenbedingungen (Transite) aus den uns gestellten Lebensaufgaben (Radixhoroskop) machen, werden wir zum freien Gestalter unseres Schicksals, auch wenn wir manche Lebenssituationen nur durch Hingabe an ein größeres Ganzes oder durch das Akzeptieren kollektiver Notwendigkeiten (siehe oben) bewältigen können.

Individuelle Entwicklungszyklen

Transite beschreiben individuelle Entwicklungszyklen. Die zu jedem Zeitpunkt sich bildende Konstellation der Planeten ist zwar für alle gleich, jeder einzelne von uns erlebt diese Konstellation jedoch individuell verschieden. In Resonanz zu den Faktoren unseres Radixhoroskops, welche durch die Transite berührt werden, reagieren wir auf gleiche Konstellationen in unterschiedlicher Weise. Ein und dasselbe Thema schlägt sich somit in verschiedenen Ausdrucksformen nieder.

Generelle Entwicklungszyklen

Transite bilden auch generelle Entwicklungszyklen ab, die alle Menschen zu bestimmten Zeitabschnitten ihres Lebens durchlaufen. Diese Zyklen sind inzwischen auch eingehend aus entwicklungspsychologischer Sicht untersucht und beschrieben worden (siehe Literaturhinweise im Anhang).

Aus astrologischer Sicht lassen sich diese Entwicklungsphasen an denjenigen Transiten festmachen, die für alle Menschen zu einem annähernd gleichen Lebenszeitpunkt stattfinden. Besonders markant sind in dieser Hinsicht die Saturnzyklen, die bestimmte Reifungsprozesse symbolisieren. Diese unterliegen einem Sieben-Jahres-Rhythmus, da der transitierende Saturn etwa alle sieben Jahre einen markanten Aspekt zu seiner Radixposition bildet.

Auch Uranus, Neptun und Pluto markieren anhand der Transitaspekte, die sie im Laufe der Zeit zu ihren Radixstellungen bilden, bestimmte, für alle Menschen ähnliche Entwicklungsphasen.

Transite kommen und gehen . . .
Transite zeigen sowohl Entwicklungphasen an, die hinter uns liegen als auch solche, die vor uns liegen. Im Rückblick auf vergangene Transite können wir erkennen, wie wir mit den uns gestellten Entwicklungsaufgaben umgegangen sind und was wir aus unseren Möglichkeiten gemacht haben. Im Ausblick auf kommende Transite können wir diejenigen Entwicklungsschritte erkennen, die vor uns liegen.

Ich weiß aus eigener Erfahrung, daß vielen weder die Rückschau noch die Vorschau anhand von Transiten leicht fällt. Insbesondere dann, wenn wir in der Rückschau erkennen müssen, daß wir bestimmte Chancen nicht genutzt und bestimmte Entwicklungsschritte nicht vollzogen haben oder wenn wir bei der Vorausschau unsere Zukunftsängste auf die anstehenden Transite projizieren und das Schlimmste erwarten. Dennoch, Transite kommen und gehen, und wenn sie vorüber sind, dann sollten wir uns verändert und weiterentwickelt haben.

. . . was wir daraus machen, bleibt
Auch wenn bestimmte Transite vorüber sind, bleibt uns das, was wir daraus gemacht haben, erhalten. Transite können Türen öffnen, die uns in neue Lebensräume führen und uns neue Möglichkeiten erschließen, damit wir uns selbst besser kennenlernen und bestimmte Erfahrungen machen können. Dadurch verändern wir uns. Wenn bestimmte Transite vorüber sind, werden wir daher

nicht wieder zu denjenigen, die wir vorher waren. Dies ist nur dann der Fall, wenn wir bei jedem Transit so weitermachen wie bisher und stets die alten Fehler wiederholen, statt neue zu begehen.

Prognosen

Transite ermöglichen zeitliche Prognosen, die künftige Lebensphasen betreffen. Doch statt ängstlich in den Ephemeriden zu blättern und uns zu fragen, was passieren *wird*, sollten wir uns darauf besinnen, was passieren *soll*, damit wir in Einklang mit uns selbst und dem Kosmos handeln und leben. Prognosen über künftige Lebensphasen sind nur dann sinnvoll, wenn sie uns für die Zukunft öffnen und dem Verständnis von Entwicklungszyklen dienen.

Anhand von Transiten lassen sich in bestimmten Fällen Ereignisse vorhersagen, aber nur, wenn unser Leben in berechenbaren Bahnen verläuft und wir uns in der gewohnten Weise verhalten. Ob das Eintreffen von konkreten Ereignisprognosen tatsächlich einen Beweis für den Wahrheitsgehalt der Astrologie darstellt, sei dahingestellt. Ihr Eintreffen beweist jedoch in jedem Fall, daß die betreffende Person, die ein derart berechenbares und vorhersagbares Leben lebt, ihren individuellen Handlungs- und Entscheidungsspielraum nicht voll zu nutzen weiß und ihr Leben letztlich nicht selbst gestalten möchte.

Es ist uns jedoch freigestellt, ob wir berechenbar leben oder mehr aus unserem Dasein machen, indem wir unser Leben so gestalten, wie es unseren vielfältigen Möglichkeiten entspricht. Wir können die Transite der Planeten nutzen, um unseren Handlungsspielraum zu erweitern und uns neue Möglichkeiten der Lebensgestaltung zu erschließen.

Daraus folgt, daß die Transite der Planeten nicht so sehr konkrete Ereignisse anzeigen, sondern vielmehr den Prozeß, der sie hervorbringt.

Die Bedeutung von Ereignissen

Ereignisse können von uns gewollte, konkrete Ausdrucks- und Manifestationsformen innerer Entwicklungsprozesse sein. In diesem Sinne kann jedes Ereignis eine Vielzahl unterschiedlicher Bedeutungen haben. Daraus wird ersichtlich, daß Transite uns vor allem die Bedeutung von Ereignissen entschlüsseln können und weniger die Ereignisse selbst, da zu jedem Transit eine Vielzahl möglicher Ereignisse denkbar ist.

Vor Gebrauch zu lesende Packungsbeilage

Kochbücher verderben den Brei

Die folgenden Deutungstexte zu den Transitkonstellationen sind in Du-Form geschrieben, als würden die Planeten direkt zu Ihnen sprechen. Auf diese Weise lassen sich die Entwicklungschancen, die mit den Transiten einhergehen, am unmittelbarsten ausdrükken.

Ich weiß aus eigener Erfahrung, daß ich immer wieder gerne in diesen »Kochbuchabschnitten« von Astrologiebüchern nachgeschlagen habe. Dennoch habe ich ein ambivalentes Verhältnis dazu: Einerseits liefern »Kochbuchtexte« Anregungen für eigene Deutungen, andererseits blockieren sie oft die eigene Kreativität und Originalität.

Didaktisches Konzept

Sie werden vielleicht bemerken, daß bei den folgenden Transittexten stets die gleichen oder ähnliche Schlüsselbegriffe zu den Deutungsbausteinen (Planeten und Häuser) auftauchen, aus denen sich die Deutungssätze zusammensetzen. Indem Sie erkennen, wie die einzelnen Deutungen aus wiederkehrenden Schlüsselbegriffen aufgebaut sind, werden Sie selbst in die Lage versetzt, eigene Deutungen vorzunehmen, die Ihrem Stil entsprechen und aus Ihrem Wortschatz stammen. Genau dazu möchte ich Sie mit meinen Texten anregen.

Aspekte

Bei den Deutungstexten wird zunächst die Thematik jedes Transits erläutert, danach werden mögliche erlöste bzw. unerlöste Ausdrucksformen mit den Transitthemen aufgezeigt. Die verschiedenen Aspektbildungen der transitierenden Planeten werden nicht berücksichtigt. Generell läßt sich jedoch sagen, daß bei Spannungsaspekten (Quadrate und Oppositionen, bestimmte Konjunktionen) Probleme mit den unerlösten Ausdrucksformen wahrscheinlich sind, während bei unterstützenden Aspekten (Sextile und Trigone, bestimmte Konjunktionen) eine erlöste Ausdrucksweise leichter fällt.

Konjunktionen von Transit- zu Radixplaneten leiten meist einen neuen Entwicklungszyklus ein. Die sich im Anschluß daran bildenden Transitaspekte stellen Lebensphasen dar, in denen die bei der Konjunktion vorgenommene Weichenstellung überprüft und modifiziert werden kann. Es ist daher beispielsweise zu unterscheiden, ob ein sich bildendes Quadrat zwischen einem Transit- und einem Radixplaneten vor oder nach dem Oppositionstransit stattfindet. Für ein tieferes Verständnis dieser Aspektzyklen sei auf das gleichnamige Buch von Leyla und Dane Rudhyar verwiesen (siehe Literaturliste im Anhang).

Keine Allgemeingültigkeit

Es ist prinzipiell nicht möglich, ein allgemeingültiges Transitebuch zu schreiben. Ein- und derselbe Transitplanet wird von jedem auf individuelle Weise erlebt. Dieses individuelle Erleben hängt mit der Radixstellung des Transitplaneten sowie seinen Aspekten zu anderen Radixplaneten zusammen. Diese Radixthemen hat der Transitplanet auf seiner Reise quasi im Gepäck.

Steht beispielsweise Saturn im Radix im 4. Haus in Quadrat zu Venus, dann werden bei jedem seiner Transite die Themen Familie, Zuhause, seelische Geborgenheit (4. Haus) sowie Liebes- und Beziehungsfragen (Venus) eine Rolle spielen, unabhängig davon, durch welches Haus und über welche Planeten Saturn sich gerade bewegt.

Um zu einem vertieften Verständnis von Transiten zu gelangen, sind daher stets die Radixthemen der Transitplaneten mit zu berücksichtigen. Bedenken Sie dies bitte, wenn Sie die folgenden Transitdeutungen lesen.

Weitere Hinweise zum Umgang mit Transiten finden Sie im zweiten Teil des Buches ab Seite 213.

Sprache

Die deutsche Sprache bevorzugt die männliche Ausdrucksform. Bitte fühlen Sie sich als Leserin dennoch angesprochen. Ich danke Ihnen für Ihre Toleranz.

Teil I

Die Transite der Planeten

Sonne-Transite

Allgemeine Hinweise

Bewußtwerdung
Die Transite der Sonne stellen eine Aufforderung dar, mehr Bewußtheit über die verschiedenen Facetten unserer Persönlichkeit zu entwickeln. Sie bieten die Chance, unser Bewußtsein zu erweitern und abgespaltene, verdrängte oder in der Projektion gelebte Wesensanteile in unsere Persönlichkeit zu integrieren.

Selbstbild
Die Sonne ist ein Symbol dafür, wie wir uns selbst sehen und definieren. Ihre Transite stellen daher Gelegenheiten dar, das Bild, das wir von uns selbst haben, zu erweitern, so daß wir zu einem umfassenden Selbstverständnis gelangen, das der Vielschichtigkeit und Widersprüchlichkeit unseres Wesens gerecht wird.

Persönlichkeitsentwicklung
Transite der Sonne können uns bewußt machen, wie wir werden, wer wir sind. Unsere Persönlichkeit entsteht erst im Laufe unserer Entwicklung. Wir werden nicht als »Lowe« oder »Steinbock« geboren, sondern durch »löwe-« bzw. »steinbocktypische« Erkenntnismuster zu »Löwe-« bzw. »Steinbock«-Persönlichkeiten. Transite der Sonne unterstützen den Prozeß unserer Persönlichkeitsentwicklung, weil sie uns bewußt machen, wie unsere inneren Wertungen und Haltungen unsere Lebenserfahrungen und damit unseren Charakter formen und prägen.

Selbsterkenntnis und Selbstreflektion
Wenn wir uns selbst kennen, dann wissen wir auch, warum wir auf bestimmte Situationen in einer für uns typischen Art und Weise reagieren. Transite der Sonne bieten uns die Möglichkeit,

uns selbst besser kennenzulernen, indem wir in den Spiegel der Selbsterkenntnis blicken, den uns das Leben und andere Menschen vorhalten. Wir können uns nur selbst erkennen, wenn wir unsere Erfahrungen persönlich nehmen und sie vor dem Hintergrund unseres Wesen reflektieren und verarbeiten.

Wir selbst sein

Transite der Sonne stellen eine Aufforderung dar, wir selbst zu sein und uns unserer Einmaligkeit bewußt zu werden. Wir können Fehlidentifikationen abbauen, die uns sonst dazu verleiten, nicht wir selbst, sondern jemand Anderes zu sein. Die Botschaft der Transite der Sonne besteht darin, daß wir uns selbst verwirklichen sollen, indem wir unser wahres Wesen erkennen, uns dazu bekennen und in Einklang damit leben.

Sonne-Zyklen

Da unser Kalender auf der Drehung der Erde um die Sonne beruht, braucht die Sonne 1 Jahr, um einmal durch den Tierkreis zu wandern. Genaugenommen ergibt sich jährlich eine Abweichung um sechs Stunden, weshalb wir alle 4 Jahre einen sogenannten Schalttag, den 29. Februar, in unseren Kalender einschieben, um diese Abweichung auszugleichen. Die Sonne ist neben dem Mond der einzige »Planet«, der nie rückläufig wird.

Sonne-Transite durch die Häuser dauern je nach Hausgröße 15–60 Tage. Sonne-Transite zu den Radixplaneten sind je nach Bewußtheit über die eigene Persönlichkeit nur einige Stunden oder sogar 6–8 Tage lang zu spüren.

Sonne-Transite-Kalender

Da die Transite der Sonne zu den jeweiligen Radix-Planeten jährlich um die gleiche Zeit stattfinden, können Sie sich einen persönlichen Sonne-Transite-Kalender erstellen. Schlagen Sie dazu in der Ephemeride nach, wann die Sonne jeweils einen Aspekt zu Ihren Radix-Planeten bildet, und tragen Sie diese in Ihren persönlichen Jahreskalender ein. Es kann sein, daß Ihnen dadurch im wahrsten Sinne des Wortes ein Licht aufgehen wird. Sie werden bemerken, daß Sie bestimmten, individuellen jahreszeitlichen Rhythmen unterliegen, die jedes Jahr wiederkehren. Vielleicht können Sie manche Ihrer Besonderheiten dadurch besser verstehen.

Wenn Sie z.B. einen Jungfrau-Aszendenten haben, werden Sie unter Umständen bemerken, daß Sie in den heißen Sommermonaten Juli und August besonders introvertiert und zurückgezogen sind. Die Sonne wandert zu dieser Zeit eben durch Ihr 12. Haus! Oder Sie werden feststellen, daß Sie jedes Jahr in einer bestimmten Woche besonders ernsthaft oder gar niedergeschlagen sind: Vielleicht wandert die Sonne in dieser Woche über Ihren Radix-Saturn! Probieren Sie selbst, zu welchen neuen Erkenntnissen und Einsichten Sie mit Ihrem persönlichen Sonne-Transite-Kalender gelangen.

Solar-Horoskope

Ein weiterer, sehr bedeutsamer Transit der Sonne ist der Tag ihrer Wiederkehr zu ihrer Radix-Stellung. An diesem Tag haben Sie Geburtstag! Aufgrund der bereits erwähnten Ungenauigkeit unseres Kalenders kann die exakte Sonnenwiederkehr auch auf einen Tag vor oder nach Ihrem Geburtstag fallen. Auf diesen Zeitpunkt werden sogenannte »Solarhoroskope« erstellt, die Aufschluß über das vor Ihnen liegende Lebensjahr geben können.

Ein Solarhoroskop ist nichts anderes als ein Transithoroskop zu Ihrem Geburtstag, das durch die zusätzlichen Horoskopachsen und Häuser, die sich aus dem Zeitpunkt der exakten Sonnenwiederkehr ergeben, noch einige zusätzliche interessante Deutungsfaktoren liefert. Zur Deutung von Solarhoroskopen sei auf die entsprechende Fachliteratur verwiesen (siehe Literaturliste im Anhang).

Was bei Sonne-Transiten zu tun ist

Was die eigene Entwicklung unterstützt:

- Bewußtwerdung über die eigene Persönlichkeit,
- wachsende Selbsterkenntnis,
- die Fähigkeit, sich zum eigenen Wesen zu bekennen,
- das Ausbilden eines gesunden Selbstbewußtseins,
- Mut zur Selbstreflektion,

– das Integrieren verdrängter oder projizierter Persönlichkeitsanteile.

Was die eigene Entwicklung hemmt:
– Egozentrismus,
– narzißtische Selbstbespiegelung,
– überzogene Identifikation mit der eigenen Persönlichkeit,
– Selbstbeweihräucherung,
– mehr Schein als Sein,
– Fehlidentifikation mit anderen.

Sonne-Transite durch die Häuser

Sonne im 1. Haus ***Selbstdarstellung***

Zeige der Welt, wer Du bist, auch wenn es dafür nicht immer Applaus gibt. Werde Dir Deiner äußeren Erscheinung bewußt, und stelle Dich selbst so dar, wie Du Dich innerlich siehst. Lasse Deine Persönlichkeit für alle deutlich sichtbar werden, ohne ständig über Dein Ego zu stolpern. Nur Blinde dürfen Dich jetzt noch übersehen.

Einen erlösten Umgang mit den Herausforderungen dieses Transits erkennst Du daran, daß Du
– gut zur Geltung kommst.
– von anderen gesehen und erkannt wirst.
– Dich so zeigst, wie Du Deinem Wesen nach bist.

Einen unerlösten Umgang mit den Herausforderungen dieses Transits erkennst Du daran, daß Du
– eine übermäßige Geltungssucht an den Tag legst.
– Dir selbst mit Deinem Ego im Weg stehst.
– überall die Hauptrolle spielen möchtest.

Sonne im 2. Haus ***Selbstwert***

Wenn Du jetzt das Gefühl hast, daß die ganze Welt Dir gehört, dann wird es Zeit, Dein Selbstwertgefühl nicht länger von Deinem Einkommen abhängig zu machen. Werde Dir Deiner Werte bewußt, ohne jeden Morgen in Deinem Geld zu baden. Erkenne

Deinen Selbstwert und definiere ihn nach eigenen Maßstäben. Sichere Deine Existenz mit dem, was Du bist und wer Du bist. Bekenne Dich zu dem, was Dir gehört, ohne gleich auf jedem Gegenstand Dein Namenszeichen einzubrennen.

Einen erlösten Umgang mit den Herausforderungen dieses Transits erkennst Du daran, daß Du
- Dir bewußt wirst, was Du wert bist und welche Potentiale Du hast.
- nur Dinge kaufst, die Deinem Wesen entsprechen.
- Dein Geld in Deine Persönlichkeitsentwicklung investierst und Deine Talente nutzt.

Einen unerlösten Umgang mit den Herausforderungen dieses Transits erkennst Du daran, daß Du
- meinst, nur das zu sein, was Du hast.
- Deinen Selbstwert von Deinem Einkommen abhängig machst.
- nur Reichtum wertschätzt.

Sonne im 3. Haus ***Persönliche Mitteilung***

Bringe Dich gegenüber den Menschen, mit denen Du täglich zu tun hast, mehr zur Geltung, aber sei nicht frustriert, wenn nicht jeden Tag etwas über Dich in der Zeitung steht. Zeige Deinen Nachbarn, wer Du bist, und sorge dafür, daß die Menschen in Deiner Umgebung Dich persönlich kennenlernen. Werde Dir bewußt, wie Du Dich anderen gegenüber ausdrückst, und stehe zu dem, was Du ihnen weitererzählst.

Einen erlösten Umgang mit den Herausforderungen dieses Transits erkennst Du daran, daß Du
- Dich anderen so mitteilst, wie es Dir entspricht.
- von Deiner Umgebung als Persönlichkeit wahrgenommen wirst.
- Deine alltäglichen Kontakte persönlich nimmst.

Einen unerlösten Umgang mit den Herausforderungen dieses Transits erkennst Du daran, daß Du
- ständig nur von Dir erzählst.
- Dir Deine Geschwister zum Vorbild machst.

– Wert darauf legst, an jedem Zeitungskiosk mit Deinem Namen angesprochen zu werden.

Sonne im 4. Haus ***Familienbewußtsein***

Entwickle Familienbewußtsein und zeige Deiner Familie Dein wahres Wesen, auch wenn Dein Apfel weit vom Stamm gefallen ist. Werde Dir bewußt, wo Du zu Hause bist, ohne gleich ein Transparent mit Deinem Namenszug über die Eingangstür zu hängen. Werde Dir Deiner Herkunft und Deiner seelischen Heimat bewußt, aber identifiziere Dich nicht zu sehr mit Deiner Kindheit, schließlich bist Du längst erwachsen.

Einen erlösten Umgang mit den Herausforderungen dieses Transits erkennst Du daran, daß Du
– Familienbewußtsein zeigst.
– Dich zu Deiner Herkunft bekennst.
– Dein Zuhause in Deinem persönlichen Stil gestaltest.

Einen unerlösten Umgang mit den Herausforderungen dieses Transits erkennst Du daran, daß Du
– zu Hause den Pascha spielst (auch als Frau).
– an jeder Tür in Deiner Wohnung Dein Namensschild anbringst.
– Dich nur noch über Deine Familie und Herkunft definierst.

Sonne im 5. Haus ***Schöpferischer Selbstausdruck***

Werde Dir Deiner Kreativität und Originalität bewußt, ohne gleich aus jeder Handlung einen Schöpfungsakt zu machen. Stelle Dich selbst kreativ dar, auch wenn Du kein großer Künstler bist. Bekenne Dich zu dem, was Du geschaffen hast, es müssen keine Meisterwerke sein.

Einen erlösten Umgang mit den Herausforderungen dieses Transits erkennst Du daran, daß Du
– Dir Deiner Einmaligkeit bewußt wirst.
– Dein Selbst schöpferisch zum Ausdruck bringst.
– als Original durch die Welt läufst.

Einen unerlösten Umgang mit den Herausforderungen dieses Transits erkennst Du daran, daß Du
- Dich für einen großen Lebenskünstler hältst.
- Dich über Deine Kinder selbst verwirklichen möchtest.
- Dich mit allen identifizierst, die origineller sind als Du.

Sonne im 6. Haus ***Gesundheitsbewußtsein***

Wenn Du Dich selbst in Deinem Alltagsleben nicht mehr wiedererkennst und ständig kränkelst, dann wird es Zeit, für einen Lebensrhythmus zu sorgen, der Deinem Wesen entspricht. Verwirkliche Dich durch Deine Arbeit, ohne gleich den Chef zu spielen. Bekenne Dich zu Deinen alltäglichen Verpflichtungen, aber nimm nicht jeden Abwasch persönlich.

Einen erlösten Umgang mit den Herausforderungen dieses Transits erkennst Du daran, daß Du
- Dich durch Deine Arbeit zum Ausdruck bringst.
- Deinen Alltag so gestaltest, wie es Dir entspricht.
- gesundheitsbewußt lebst.

Einen unerlösten Umgang mit den Herausforderungen dieses Transits erkennst Du daran, daß Du
- Dich nur über Deine Arbeit definierst.
- im Alltag immer im Mittelpunkt stehen möchtest.
- nur noch arbeitest, statt zu sein.

Sonne im 7. Haus ***Spiegel der Erkenntnis***

Wenn Du in Deinen Beziehungen nur noch Dir selbst begegnest, dann werde Dir jetzt bewußt, was Du in anderen suchst. Erkenne Dich selbst im Spiegel Deiner Beziehungen, und bekenne Dich zu Deinen Partnern, ohne Dich vollständig mit ihnen zu identifizieren.

Einen erlösten Umgang mit den Herausforderungen dieses Transits erkennst Du daran, daß Du
- Dir durch die Begegnung mit anderen Deiner selbst bewußt wirst.
- andere sie selbst sein läßt.
- zwischen Dir und anderen unterscheiden kannst.

Einen unerlösten Umgang mit den Herausforderungen dieses Transits erkennst Du daran, daß Du
– Dich ausschließlich über Deine Partner definierst.
– Dich vorwiegend über andere auslebst.
– zu dem werden möchtest, was Deine Partner bereits sind.

Sonne im 8. Haus ***Meins oder Deins***

Werde Dir bewußt, was Dich an andere bindet. Bekenne Dich zu den Verbindlichkeiten, die Du mit anderen eingegangen bist, aber identifiziere Dich nicht mit den Schulden oder dem Besitz Deiner Partner. Stelle Dich Deinen Tabus und Verdrängungen und erkenne sie als einen Teil von Dir selbst an. Identifiziere Dich nicht mit Deinen Krisen, und sorge dennoch dafür, daß Du Dich wandelst.

Einen erlösten Umgang mit den Herausforderungen dieses Transits erkennst Du daran, daß Du
– in tiefen Bindungen Du selbst bleibst.
– Deine verdrängten Seiten in Deine Persönlichkeit integrierst.
– in Krisensituationen Dir selbst treu bleibst.

Einen unerlösten Umgang mit den Herausforderungen dieses Transits erkennst Du daran, daß Du
– Dich in Deiner Ehe nicht mehr wiedererkennst.
– das Einkommen Deiner Partner für Dein eigenes hältst.
– Deinen Selbstwert von Deiner Sexualität abhängig machst.

Sonne im 9. Haus ***Bildungsbewußtsein***

Wenn Dir keine Religion der Welt mehr etwas zu sagen hat, dann wird es Zeit, Deine eigene Lebensphilosophie zu entwickeln. Mache Dir bewußt, was Deinen Horizont erweitert und worin für Dich der Sinn des Lebens besteht. Identifiziere Dich nicht mit Deiner höheren Bildung, aber stehe zu Deinen Einsichten.

Einen erlösten Umgang mit den Herausforderungen dieses Transits erkennst Du daran, daß Du
– Dich zu Deinen Überzeugungen bekennst.
– eine persönliche Lebensphilosophie entwickelst.
– Deinem Dasein Sinn und Perspektive gibst.

Einen unerlösten Umgang mit den Herausforderungen dieses Transits erkennst Du daran, daß Du
- nur im Ausland jemand bist.
- Dich mit allem identifizierst, woran andere glauben.
- keine persönlichen Überzeugungen hast.

Sonne im 10. Haus ***Rampenlicht***

Zeige der Öffentlichkeit, wer Du bist, ohne Dich übermäßig mit Deinem Status zu identifizieren. Sorge dafür, mehr im Rampenlicht zu stehen, aber verleugne Dich nicht, um öffentlichen Beifall zu erhaschen. Bekenne Dich zu Deinem Ehrgeiz, und werde auf die Dir eigene Art Deiner sozialen Verantwortung gerecht.

Einen erlösten Umgang mit den Herausforderungen dieses Transits erkennst Du daran, daß Du
- Dich in der Öffentlichkeit zur Geltung bringst.
- Wertschätzung durch die Gesellschaft erfährst.
- Dich zu Deiner sozialen Verantwortung bekennst.

Einen unerlösten Umgang mit den Herausforderungen dieses Transits erkennst Du daran, daß Du
- Dich nur über die Gesellschaft definierst.
- Statusfragen persönlich nimmst.
- keinerlei öffentliche Anerkennung erhältst.

Sonne im 11. Haus ***Gruppenbewußtsein***

Jetzt wird es Zeit, Deinen Freunden zu zeigen, wer Du wirklich bist. In der Zusammenarbeit mit anderen gilt es nun, Dein Licht nicht länger unter den Scheffel zu stellen. Werde Dir bewußt, daß Deine Vereine auch ohne Dich leben können, aber übernimm die Posten, die Du mit Deiner Persönlichkeit ausfüllen kannst.

Einen erlösten Umgang mit den Herausforderungen dieses Transits erkennst Du daran, daß Du
- Gruppenbewußtsein entwickelst.
- von Deinen Freunden erkannt und anerkannt wirst.
- Dich für gemeinschaftliche Interessen einsetzt.

Einen unerlösten Umgang mit den Herausforderungen dieses Transits erkennst Du daran, daß Du
– in jeder denkbaren Gruppe der Star sein möchtest.
– Dich über Deine Freunde definierst.
– ohne Deine Vereine nicht mehr leben kannst.

Sonne im 12. Haus ***Das verborgene Selbst***

Jetzt kannst Du Dein wahres Selbst erkennen und zu Dir selbst finden. Paß jedoch auf, daß Du nicht gänzlich in der Versenkung verschwindest. Lasse Deine Persönlichkeit im Hintergrund leuchten und andere im Rampenlicht stehen. Ziehe Dich zurück und werde Dir Deiner verdrängten und verborgenen Seiten bewußt.

Einen erlösten Umgang mit den Herausforderungen dieses Transits erkennst Du daran, daß Du
– in der Zurückgezogenheit zu Dir selbst findest.
– Dein verborgenes Selbst entdeckst.
– auch mal im Hintergrund bleiben kannst.

Einen unerlösten Umgang mit den Herausforderungen dieses Transits erkennst Du daran, daß Du
– nur im Verborgenen Du selbst sein kannst.
– Dein wahres Wesen verdrängst.
– vorwiegend Deine Schattenseiten lebst.

Sonne-Transite zu den Planeten

Sonne-Sonne ***Selbstbewußtsein***

Jetzt kannst Du Dich selbst erkennen, aber paß auf, nicht von Dir geblendet zu werden. Du mußt kein Sonnengott werden, es reicht, wenn Du Dir dessen bewußt wirst, wer Du als ganz normaler Mensch bist bzw. sein kannst. Lasse Dein wahres Selbst ans Licht kommen und bekenne Dich zu Deiner Persönlichkeit.

Einen erlösten Umgang mit den Herausforderungen dieses Transits erkennst Du daran, daß Du
– Dir Deiner selbst bewußt wirst.
– Dein wahres Wesen erkennst.

– Dich zu Dir bekennst.

Einen unerlösten Umgang mit den Herausforderungen dieses Transits erkennst Du daran, daß Du
– nur noch auf dem Egotrip bist.
– glaubst, bereits zu sein, was Du erst noch werden sollst.
– ein Selbstbewußtsein an den Tag legst, das an Größenwahn grenzt.

Sonne-Mond ***Selbstwertgefühl***

Erkenne, was Dich seelisch nährt und unterstützt, ohne Dich gleich mit Deiner Mutter zu identifizieren. Werde Dir bewußt, was Du brauchst, um Dich wohlzufühlen. Bekenne Dich zu Deinen Gefühlen, aber werde deshalb nicht gleich kindisch.

Einen erlösten Umgang mit den Herausforderungen dieses Transits erkennst Du daran, daß Du
– Dir Deiner Gefühle bewußt wirst.
– Dich zu dem bekennst, was Dich seelisch nährt.
– zu dem stehst, was Du brauchst.

Einen unerlösten Umgang mit den Herausforderungen dieses Transits erkennst Du daran, daß Du
– nicht zu dem stehen kannst, was Du fühlst.
– Dich über Deine Gefühle definierst.
– Dir nicht eingestehst, was Du brauchst.

Sonne-Merkur ***Bewußtes Denken***

Werde Dir bewußt, wie Du Dich ausdrückst und mit anderen kommunizierst, aber halte Dein Gehirn nicht für den Sitz Deiner Persönlichkeit. Sage Dinge, die persönlich gemeint sind, ohne Dich zu sehr mit Deinen Gedanken zu identifizieren. Erkenne, wie Deine Wahrnehmung Dich prägt.

Einen erlösten Umgang mit den Herausforderungen dieses Transits erkennst Du daran, daß Du
– Dich zu Deinen Wahrnehmungen und Gedanken bekennst.
– Dich persönlich ausdrückst.
– sagst, was Du meinst.

Einen unerlösten Umgang mit den Herausforderungen dieses Transits erkennst Du daran, daß Du
- nur das bist, was Du denkst.
- jeden Gedanken persönlich nimmst.
- nur das hörst, was in Dein Konzept paßt.

Sonne-Venus ***Selbstliebe***

Werde Dir Deiner Liebesfähigkeit bewußt, ohne gleich jedem um den Hals zu fallen, der lieb zu Dir ist. Bekenne Dich zu Deinen Beziehungen, und erkenne, was an Dir anziehend ist. Lasse die schönen und angenehmen Seiten des Lebens in Dein Bewußtsein dringen, und stehe zu dem, was Dir gefällt.

Einen erlösten Umgang mit den Herausforderungen dieses Transits erkennst Du daran, daß Du
- Dir Deiner Liebesfähigkeit bewußt wirst.
- Deiner Liebe einen persönlichen Ausdruck verleihst.
- Deine schönen Seiten anerkennst.

Einen unerlösten Umgang mit den Herausforderungen dieses Transits erkennst Du daran, daß Du
- Dich mit allem, was schön ist, identifizierst.
- Deiner Eitelkeit verfällst.
- Dich für unwiderstehlich hältst.

Sonne-Mars ***Selbstbewußtes Handeln***

Erkenne, was Dir Kraft gibt und Dich stark macht, ohne Dich gleich für Herkules zu halten. Werde Dir bewußt, wie Du Dich selbst behauptest und durchsetzt. Bekenne Dich zu Deiner Wut und Deiner Art, mit Aggressionen umzugehen. Werde Dir bewußt, wie Du Dein sexuelles Verlangen ausdrückst.

Einen erlösten Umgang mit den Herausforderungen dieses Transits erkennst Du daran, daß Du
- Dir Deiner Kraft und Stärke bewußt wirst.
- Dich zu Deiner Sexualität bekennst.
- Dich so durchsetzt, wie es Dir entspricht.

Einen unerlösten Umgang mit den Herausforderungen dieses Transits erkennst Du daran, daß Du
– Dich über Deine sexuelle Potenz definierst.
– jede Auseinandersetzung persönlich nimmst.
– Dich nur noch über Deine Muskeln ausdrückst.

Sonne-Jupiter ***Heute ein König***

Erkenne Deine optimistischen Seiten, ohne größenwahnsinnig zu werden. Werde Dir der Möglichkeiten bewußt, mit denen Du für Fortschritt und Wachstum in Deinem Leben sorgen kannst. Zeige Selbstvertrauen, ohne Deine Möglichkeiten zu überschätzen. Bekenne Dich zu Deinen Wachstumsmöglichkeiten, und steigere Dein Selbstwertgefühl.

Einen erlösten Umgang mit den Herausforderungen dieses Transits erkennst Du daran, daß Du
– Dir Deiner Zuversicht bewußt wirst.
– erkennst, wodurch Du Deine Möglichkeiten erweitern kannst.
– zu Deinen Überzeugungen stehst.

Einen unerlösten Umgang mit den Herausforderungen dieses Transits erkennst Du daran, daß Du
– Dich für den Größten hältst.
– für Dich nur das Beste gut genug ist.
– Dich für das Maß aller Dinge hältst.

Sonne-Saturn ***Der Ernst des Lebens***

Werde Dir Deiner Grenzen und Ängste bewußt, ohne gleich depressiv zu werden. Stelle Dich dem Ernst des Lebens, und bekenne Dich zu Deiner Verantwortung. Erkenne, wie Du Dich von anderen abgrenzen kannst, ohne Dich dadurch zu isolieren.

Einen erlösten Umgang mit den Herausforderungen dieses Transits erkennst Du daran, daß Du
– Deine Grenzen respektierst.
– bewußt auf etwas verzichten kannst.
– Dich zu den ernsten Seiten Deines Lebens bekennst.

Einen unerlösten Umgang mit den Herausforderungen dieses Transits erkennst Du daran, daß Du
– jede Zurückweisung persönlich nimmst.
– nur wahrnimmst, was Dir fehlt.
– Dich einschränken läßt.

Sonne-Chiron ***Schmerzhafte Bekenntnisse***

Werde Dir Deiner Verletzlichkeit bewußt, und stelle Dich Deinen wunden Punkten. Bekenne Dich zu Deinem Schmerz, aber laufe nicht gleich schreiend durch die Gegend. Füge jetzt niemandem einen Schmerz zu, den Du selbst nicht ertragen kannst.

Einen erlösten Umgang mit den Herausforderungen dieses Transits erkennst Du daran, daß Du
– Dich zu Deiner Verletzlichkeit bekennst.
– Dir Deiner heilsamen Seiten bewußt wirst.
– Deinem Schmerz ins Auge blickst.

Einen unerlösten Umgang mit den Herausforderungen dieses Transits erkennst Du daran, daß Du
– Dich mit Deinen Wunden identifizierst.
– jeden Schmerz persönlich nimmst.
– anderen zufügst, was Dir selbst weh tut.

Sonne-Uranus ***Heute ein Hippie***

Bekenne Dich zu Deiner Freiheit, ohne gleich rebellisch zu werden. Werde Dir bewußt, wo Du nicht der Norm entsprichst, und stehe zu Deinen unangepaßten Seiten. Erkenne, inwieweit Du ein freier Mensch sein kannst, aber wiederhole nicht die Fehler aus der Hippiezeit.

Einen erlösten Umgang mit den Herausforderungen dieses Transits erkennst Du daran, daß Du
– Dir darüber bewußt wirst, was Dich frei und originell sein läßt.
– Dich zu Deinen rebellischen Seiten bekennst.
– auch da zu Dir stehst, wo Du aus dem Rahmen fällst.

Einen unerlösten Umgang mit den Herausforderungen dieses Transits erkennst Du daran, daß Du
- Dich für unangepaßt hältst.
- Dir fremd vorkommst.
- nur noch ausgeflippt bist und Dich zum Narren machst.

Sonne-Neptun ***Selbstmitleid***

Werde Dir Deiner Sehnsüchte bewußt, ohne Dich gleich für einen Engel zu halten. Erkenne, wo Du mit der Welt eins bist, und spüre Deine Verbundenheit mit anderen Menschen. Versuche nicht den Retter zu spielen, sonst wirst Du zum Opfer Deiner selbst. Verfalle nicht der Selbsttäuschung, ein Heiliger zu sein, sondern bekenne Dich zu den Süchten, von denen Du Dir Erlösung versprichst.

Einen erlösten Umgang mit den Herausforderungen dieses Transits erkennst Du daran, daß Du
- Dich durch Mitgefühl mit der Welt verbindest.
- Dein Suchtverhalten durchschaust.
- Dich zu Deiner Spiritualität bekennst.

Einen unerlösten Umgang mit den Herausforderungen dieses Transits erkennst Du daran, daß Du
- Dich mit Deinen Sehnsüchten identifizierst.
- Dich für einen Retter und Erlöser hältst.
- nur noch mit Dir selbst Mitleid hast.

Sonne-Pluto ***Mephisto***

Werde Dir Deines Wandlungspotentials bewußt, ohne gleich eine Krise zu kriegen. Erkenne, was und wer Macht über Dich hat, und gehe manipulativen Machtspielen aus dem Weg. Bekenne Dich zu den dunklen Seiten Deiner Persönlichkeit, aber halte Dich nicht für Mephisto persönlich.

Einen erlösten Umgang mit den Herausforderungen dieses Transits erkennst Du daran, daß Du
- Dir darüber bewußt wirst, was Dich wandelt.
- zu Deinen dunklen Seiten stehst.
- Dich zu Deiner Macht bekennst.

Einen unerlösten Umgang mit den Herausforderungen dieses Transits erkennst Du daran, daß Du

- Dich für einen Teufel hältst.
- Dich mit Deiner Macht identifizierst.
- ohne Krisen nicht mehr leben kannst.

Mond-Transite

Allgemeine Hinweise

Stimmungswandel
So wie der Mond am Himmel sich fortwährend wandelt, von Neumond zu Vollmond zunimmt, um dann, wenn er voll geworden ist, wieder abzunehmen und um die Tage des Neumondes herum gänzlich zu verschwinden, so ändern sich in Einklang mit dem transitierenden Mond auch unsere Stimmungen ständig.

Hinspüren
Leider achten wir auf diese Stimmungen nur selten, weil wir im Lärm des Alltags nicht genau genug hinspüren, wie es uns gerade geht. Meist nehmen wir unsere Stimmungen erst dann wahr, wenn sie sich als intensive Emotionen wie z.B. Wut, Ärger, Verletzung, Freude oder Glück äußern. Wir sind dann innerlich so stark bewegt, daß aus Stimmungen Gefühlsäußerungen werden. Unter Mond-Transiten sollen wir diesen Gefühlen Ausdruck verleihen.

Innerlich gestimmt sein
Doch auch ohne diese Emotionen befinden wir uns in jedem Moment unseres Lebens in einer bestimmten seelischen Verfassung bzw. inneren Stimmung. Diese Stimmung des Augenblicks schwingt, ähnlich den Saiten eines Musikinstruments, bei jedem der Töne mit, die durch das, was wir täglich erleben, angeschlagen werden. Mond-Transite stellen Gelegenheiten dar, unser inneres Gestimmtsein wahrzunehmen.

Launen und Gereiztheit
Wenn wir nicht spüren, was uns seelisch bewegt, oder unsere Gefühle und Stimmungen nicht wahrhaben wollen, dann rea-

gieren wir meist launisch und gereizt. An unseren Launen und gereizten Stimmungen können wir einen unerlösten Umgang mit Mond-Transiten erkennen. Wir wissen dann nicht, was wir brauchen, um uns mit uns wohlzufühlen und sind unzufrieden mit dem, was wir, wenn auch unbewußt, spüren.

Vielfältiges Seelenleben

Wenn wir Mond-Transite nutzen, um zu spüren, was wir brauchen, dann bringen sie uns in Einklang mit unserem Seelenleben. Dort herrscht keineswegs eitel Sonnenschein, auch wenn es heutzutage angesagt ist, »gut drauf« oder zumindest halbwegs ausgeglichen zu sein. Doch unser Seelenleben ist vielfältiger. Es ist ganz natürlich, auch mal wütend zu sein, wenn wir verletzt werden oder uns wegen einer Zurückweisung frustriert zu fühlen. Mond-Transite spiegeln uns dieses Auf und Ab unseres seelischen Erlebens.

Inneres Kind

Alle Menschen haben eine bedürftige Seite, die heutzutage oft als Inneres Kind bezeichnet wird. Um dieses Innere Kind zu nähren, brauchen wir den Mut, unsere Bedürfnisse auch dann auszudrücken, wenn wir uns dabei ungeschützt und verletzlich fühlen. Wir können als Erwachsene zwar die Reife haben, für uns selbst zu sorgen, aber gerade im Bereich unseres Inneren Kindes sind wir auch auf die Unterstützung und Fürsorge durch andere Menschen angewiesen. Wir können Mond-Transite dazu nutzen, mit unserem Inneren Kind Kontakt aufzunehmen und unsere bedürftigen Seiten zu zeigen, die auch auf die Zuwendung und Unterstützung anderer angewiesen sind.

Nähe eingehen

Der Mond symbolisiert auch eine Seite in uns, die sich nach Nähe und emotionalem Austausch mit anderen sehnt. Seine Transite stellen daher Gelegenheiten dar, uns seelisch auszudrücken und uns anderen dadurch nahe zu fühlen. Sie fordern uns jedoch auch dazu auf, uns selbst nahe zu sein und bestimmte Facetten unseres Wesens besser zu spüren.

Nahrung für die Seele
Mond-Transite sind Nahrung für die Seele. Sie laden uns dazu ein, uns gut zu tun. Aus den von Mondtransiten berührten Häusern und Planeten können wir schließen, was uns jeweils in einem bestimmten Moment gut tun würde. Vielleicht läuft der transitierende Mond deshalb so schnell, damit wir immer wieder genau daran erinnert werden.

Mondzyklen

Umlaufzeiten und Transitdauer
Der Mond braucht knapp 28 ½ Tage, um einmal durch den Tierkreis zu wandern (siderischer Umlauf). Von einem Neumond zum nächsten vergehen dagegen knapp 30 ½ Tage (synodischer Umlauf), da die Sonne innerhalb eines Monats um ein Zeichen weitergewandert ist. Der Mond wird wie die Sonne nie rückläufig.

Mond-Transite durch die Häuser dauern je nach Hausgröße 1–5 Tage. Mond-Transite zu den Radixplaneten sind je nach seelischer Empfänglichkeit nur einige Minuten oder sogar 12–14 Stunden lang zu spüren.

Zeichenqualität des Mondes
Bei Mondtransiten ist die Zeichenqualität des Mondes besonders zu beachten. So ist beispielsweise die allgemeine Stimmung während der Stier-Mond-Phase sinnlich und lustbetont, während der Zwillinge-Mond-Phase angeregt und kommunikativ oder während der Skorpion-Mond-Phase tief und hintergründig. Diese allgemeine Stimmung färbt das persönliche Erleben von Mondtransiten unabhängig davon, über welche Radixplaneten oder durch welche Häuser er im persönlichen Horoskop wandert.

Neumond- und Vollmondphasen
Fällt ein Mondtransit mit einer Neumond- oder Vollmond-Phase zusammen, dann ist an diesem Transit auch die Sonne beteiligt, da diese bei Neumond in Konjunktion und bei Vollmond in Opposition zum Mond steht. Neben unserem seelischen Erleben ist dann stets auch die bewußte Seite unserer Persönlichkeit angesprochen,

woraus verständlich wird, warum Neumond- und Vollmondtransite stärker wahrgenommen und gespürt werden als andere Mondtransite.

Lunarhoroskope
Von besonderer Bedeutung ist auch der Moment der exakten Wiederkehr des transitierenden Mondes zu seiner Radixstellung. Auf diesen Augenblick werden sogenannte »Lunarhoroskope« erstellt, die 4 Wochen lang gültig sind. Zur Deutung von Lunarhoroskopen sei auf die entsprechende Fachliteratur verwiesen (siehe Literaturliste im Anhang).

Was bei Mond-Transiten zu tun ist

Was die eigene Entwicklung unterstützt:
- innere Stimmungen wahrnehmen,
- emotionale Bedürfnisse spüren und zeigen,
- Gefühle ausdrücken,
- sich selbst und anderen nahe sein,
- das Innere Kind nähren,
- seelisch berührbar sein.

Was die eigene Entwicklung hemmt:
- passive Erwartungshaltung, versorgt und unterstützt zu werden,
- mangelnde Bereitschaft, Gefühle zuzulassen,
- launisches und gereiztes Verhalten,
- Gefühlsduselei,
- überfürsorgliches Bemuttern anderer,
- sich selbst nicht spüren.

Mond-Transite durch die Häuser

Mond im 1. Haus ***Mondgesicht***
Trage heute Deine Stimmungen offen mit Dir herum, damit jeder sehen kann, wie es Dir gerade geht. Du mußt nicht gleich ein Mondgesicht machen, damit andere mitkriegen, daß Du heute empfindsamer und verletzlicher bist als sonst.

Einen erlösten Umgang mit den Herausforderungen dieses Transits erkennst Du daran, daß Du

- Stimmungen körperlich wahrnimmst und ausdrückst.
- emotional sehr berührbar bist.
- gefühlvoll auftrittst.

Einen unerlösten Umgang mit den Herausforderungen dieses Transits erkennst Du daran, daß Du

- ständig zu Tränen gerührt bist.
- Dich emotional ungeschützt fühlst.
- seelisch leicht zu beeinflussen bist.

Mond im 2. Haus ***Emotionale Sicherheit***

Heute kannst Du spüren, inwieweit Du an Deinen Werten und Deinem Besitz hängst. Es sind vor allem seelische Faktoren wie bestimmte Erinnerungen und Erlebnisse, die Dich jetzt an Deine »Wertsachen« binden. Du kannst zwar Schutz und Sicherheit bei dem finden, was Dir gehört, aber Deine Seele wirst Du mit Geld nicht nähren können.

Einen erlösten Umgang mit den Herausforderungen dieses Transits erkennst Du daran, daß Du

- etwas tust, was Dein Selbstwertgefühl nährt.
- spürst, was Dir emotionale Sicherheit bietet.
- Dich dem nahe fühlst, was Dir gehört.

Einen unerlösten Umgang mit den Herausforderungen dieses Transits erkennst Du daran, daß Du

- nicht spürst, was Du wert bist.
- Dir Zuwendung erkaufen möchtest.
- Dich seelisch zu sehr an Deinen Besitz klammerst.

Mond im 3. Haus ***Einfühlsame Kontakte***

Heute kannst Du den Menschen, mit denen Du täglich zu tun hast, besonders nahe sein. Nimm emotional Anteil an dem, was um Dich herum passiert, und teile Dich anderen auf eine Weise mit, die sie seelisch berührt und Deine Gefühle wahrnehmen läßt.

Einen erlösten Umgang mit den Herausforderungen dieses Transits erkennst Du daran, daß Du
- Dich von den Menschen in Deiner Umgebung unterstützt fühlst.
- einfühlsame und seelisch nährende Kontakte hast.
- im Umgang mit anderen ausdrückst, was in Dir vorgeht.

Einen unerlösten Umgang mit den Herausforderungen dieses Transits erkennst Du daran, daß Du
- alle bemuttern möchtest, mit denen Du täglich zu tun hast.
- zum Seelentröster Deiner Mitmenschen wirst.
- schlecht gelaunt in Cafés herumsitzt und Dich über die Bedienung ärgerst.

Mond im 4. Haus ***Familiengefühl***

Heute kannst Du Dich zu Hause wohlfühlen. Spüre die Geborgenheit, die Deine Familie, die Menschen, mit denen Du zusammenlebst oder Deine eigenen vier Wände Dir vermitteln können. Genieße es, die Wurzeln Deiner Herkunft zu spüren, aber blättere nicht den ganzen Tag in Deinen Erinnerungen.

Einen erlösten Umgang mit den Herausforderungen dieses Transits erkennst Du daran, daß Du
- Familiengefühl zeigst und heute zu Hause bleibst.
- Dich in Deinen vier Wänden einkuschelst.
- spürst, wo Du hingehörst.

Einen unerlösten Umgang mit den Herausforderungen dieses Transits erkennst Du daran, daß Du
- Dich ungeborgen und ohne seelische Heimat fühlst.
- keinerlei emotionale Unterstützung durch Deine Familie verspürst.
- zu Hause nur noch versorgt werden möchtest.

Mond im 5. Haus ***Schöpferlaune***

Wenn Du heute nicht in Schöpferlaune bist, wann dann? Du kannst jetzt Deiner Kreativität besonders nahe sein, darum drücke Deine schöpferischen Seiten unbefangen aus. Es geht nicht darum, große Kunstwerke zu produzieren, nähre Dich einfach mit dem, was Dir Spaß macht. Spüre, wie schön es für Dich ist, auch mal verspielt zu sein und dem Kind in Dir mehr Raum zu geben.

Einen erlösten Umgang mit den Herausforderungen dieses Transits erkennst Du daran, daß Du
- kreativ gestimmt bist.
- Spaß und Freude mit Deinen verspielten Seiten erlebst.
- Deinen Kindern nahe bist.

Einen unerlösten Umgang mit den Herausforderungen dieses Transits erkennst Du daran, daß Du
- Dich zu sehr um Deine Kinder kümmerst.
- den ganzen Tag »Mensch-ärgere-Dich-nicht« spielst.
- nur noch zu Partys aufgelegt bist.

Mond im 6. Haus ***Alltagsstimmung***

Heute ist Deine Stimmung mehr als sonst von Deinem Alltag abhängig. Wenn Du Deine Arbeit und die großen und kleinen Pflichten des Alltags nicht so verrichten kannst, daß sie Dich auch nähren, dann wirst Du Dich heute wahrscheinlich lustlos oder gar kränklich fühlen. Spüre jetzt, was Dich dabei unterstützen kann, Deinen Alltag besser zu bewältigen.

Einen erlösten Umgang mit den Herausforderungen dieses Transits erkennst Du daran, daß Du
- Dich bei Deiner täglichen Arbeit unterstützt fühlst.
- Deine Gefühle auch im Alltagsleben spürst und ausdrückst.
- Dich wohl dabei fühlst, Ordnung in Dein Leben zu bringen.

Einen unerlösten Umgang mit den Herausforderungen dieses Transits erkennst Du daran, daß Du
- kränkelst, weil Du Dich bei Deiner Arbeit nicht wohl fühlst.
- nur schlecht gelaunt Deinen täglichen Pflichten nachkommst.
- vor jedem Berg Geschirr in Tränen ausbrichst.

Mond im 7. Haus ***Anderen nahe sein***

Heute kannst Du anderen Menschen, insbesondere Beziehungspartnern, seelisch sehr nahe sein. Spüre die emotionale Unterstützung, die Du durch sie erfährst und zeige ihnen, was Dich nährt. Mache nicht die anderen für Deine Gefühle verantwortlich, sondern genieße, was sie Dir an emotionaler Zuwendung zu geben vermögen.

Einen erlösten Umgang mit den Herausforderungen dieses Transits erkennst Du daran, daß Du
- Dich von Menschen, die Dir nahe sind, seelisch berühren läßt.
- es genießt, durch Deine Beziehungen genährt und unterstützt zu werden.
- in Begegnungen mit anderen Deine Gefühle spürst und ausdrückst.

Einen unerlösten Umgang mit den Herausforderungen dieses Transits erkennst Du daran, daß Du
- Deine Stimmung von anderen abhängig machst.
- niemanden nahe an Dich heranläßt.
- anderen den Schnuller reichst, den Du selber bräuchtest.

Mond im 8. Haus ***Seelische Gemeinsamkeit***

Jetzt kannst Du spüren, was Dich an Menschen bindet, auf die Du Dich tiefer eingelassen hast, egal, ob es sich dabei um gemeinsame Werte, eine Ehe oder um leidenschaftliche Sexualität handelt. Fühle, wie Du Dich wandelst, wenn Du Dich emotional auf andere einläßt, ohne Dich ihnen seelisch auszuliefern.

Einen erlösten Umgang mit den Herausforderungen dieses Transits erkennst Du daran, daß Du
- Dich durch tiefe Begegnungen seelisch wandeln läßt.
- Deinen Tabubereichen nahe kommst.
- Deine seelischen Gemeinsamkeiten mit anderen spürst.

Einen unerlösten Umgang mit den Herausforderungen dieses Transits erkennst Du daran, daß Du
- in Krisenstimmung bist.
- Dich durch Menschen, die Dir nahe sind, verletzt fühlst.
- tiefe Gefühle vermeidest.

Mond im 9. Haus ***Reiselaune***

Jetzt kannst Du Dich bei allem wohlfühlen, was Dir neue Horizonte öffnet. Du mußt nicht gleich verreisen, um die Weite zu spüren, nach der Du Dich im Moment innerlich sehnst. Auch der Besuch von kulturellen Veranstaltungen kann jetzt Deine Stimmung heben. Öffne Dich Gefühlen, die Dich über den Alltag hinausheben.

Einen erlösten Umgang mit den Herausforderungen dieses Transits erkennst Du daran, daß Du

- Dich wohl dabei fühlst, unterwegs zu sein.
- am kulturellen Leben Anteil nimmst.
- innerlich weit und offen gestimmt bist.

Einen unerlösten Umgang mit den Herausforderungen dieses Transits erkennst Du daran, daß Du

- statt hoher Ideale das Weite suchst.
- gereizt bist, weil Du Dich eingeengt fühlst.
- weder einen Glauben noch Überzeugungen hast, die Dich nähren.

Mond im 10. Haus ***Geltungsbedürfnis***

Jetzt kannst Du Dein Bedürfnis spüren, von der Öffentlichkeit gesehen und anerkannt zu werden. Lasse Dich von dem berühren, was in der Gesellschaft vor sich geht. Bringe Deine innere Berufung auch emotional zum Ausdruck, ohne von Deinem seelischen Geltungsbedürfnis überwältigt zu werden.

Einen erlösten Umgang mit den Herausforderungen dieses Transits erkennst Du daran, daß Du

- am gesellschaftlichen Leben Anteil nimmst.
- Dich in der Öffentlichkeit wohlfühlst.
- Deiner inneren Berufung nahe bist.

Einen unerlösten Umgang mit den Herausforderungen dieses Transits erkennst Du daran, daß Du

- in Deinem Wohlergehen von der öffentlichen Meinung abhängig bist.
- Deine Vorgesetzten bemutterst.

– in der Öffentlichkeit keine Gefühle zeigst.

Mond im 11. Haus ***Gruppenatmosphäre***

Jetzt kannst Du Dich im Kreise Deiner Freunde wohlfühlen und einen geselligen Abend mit Gleichgesinnten verbringen. Spüre Deine Verbundenheit mit den Menschen, deren Ideale Du teilst. Nimm Anteil an gemeinsamen Projekten mit anderen, und sorge für eine gute Gruppenatmosphäre.

Einen erlösten Umgang mit den Herausforderungen dieses Transits erkennst Du daran, daß Du
– Deinen Freunden nahe bist.
– Dich bei Gruppenaktivitäten wohlfühlst.
– in geselliger Stimmung bist.

Einen unerlösten Umgang mit den Herausforderungen dieses Transits erkennst Du daran, daß Du
– niemanden zum Ausgehen hast.
– Dich von Deinen Freunden nicht unterstützt und genährt fühlst.
– auf Vereinssitzungen Deine Gefühle ausbreitest.

Mond im 12. Haus ***Rückzugsstimmung***

Jetzt solltest Du Deine Rückzugsstimmung ernst nehmen, das Alleinesein nicht scheuen und Deinen verborgenen Gefühlen nachspüren. Deine Stimmung ist heute ganz nach innen gerichtet, darum fühle Dich mit Dir selbst wohl. Auf diese Weise kannst Du alle Eindrücke und Empfindungen der letzten Wochen seelisch verarbeiten und emotional verdauen.

Einen erlösten Umgang mit den Herausforderungen dieses Transits erkennst Du daran, daß Du
– Dich mit Dir alleine wohlfühlst.
– Dir Zeit nimmst, das zu verarbeiten, was Dich seelisch bewegt.
– Deine verborgenen Seiten spürst.

Einen unerlösten Umgang mit den Herausforderungen dieses Transits erkennst Du daran, daß Du

- Einsamkeitsgefühle hast.
- Dich für andere aufopferst, weil Du Deine eigene Bedürftigkeit nicht wahrhaben willst.
- Deine Gefühle verheimlichst.

Mond-Transite zu den Planeten

Mond-Sonne ***Selbstakzeptanz***

Jetzt kannst Du seelisch Zugang zu Deinem Wesen finden. Spüre, wer Du bist, damit Du Dir innerlich nahe sein kannst. Akzeptiere Deine Gefühle als Teil Deiner Persönlichkeit, und Du wirst Dich seelisch in Einklang mit Dir selbst fühlen können.

Einen erlösten Umgang mit den Herausforderungen dieses Transits erkennst Du daran, daß Du
- Dich als der, der Du bist, wohlfühlst.
- seelisch eins mit Dir bist.
- Deine Persönlichkeit nährst.

Einen unerlösten Umgang mit den Herausforderungen dieses Transits erkennst Du daran, daß Du
- nur noch Dich selbst bemutterst.
- Dir jedes Gefühl zu Herzen nimmst.
- Dir innerlich nicht nahe sein kannst.

Mond-Mond ***Seelennahrung***

Jetzt kannst Du besonders gut spüren, was Du brauchst und was Dich seelisch nährt. Fühle, wie Du Deinem inneren Kind nahe sein kannst, ohne gleich zu erwarten, von anderen bemuttert zu werden. Gefühle gehen Dir jetzt besonders nahe, was nicht heißt, daß Du alle Deine innere Betroffenheit spüren lassen mußt.

Einen erlösten Umgang mit den Herausforderungen dieses Transits erkennst Du daran, daß Du
- emotional sehr berührbar bist.
- Dich seelisch gut nähren kannst.
- Deinen inneren Stimmungen nahe bist.

Einen unerlösten Umgang mit den Herausforderungen dieses Transits erkennst Du daran, daß Du
- von Gefühlen überschwemmt wirst.
- Dich gleich von allem, was passiert, seelisch betroffen fühlst.
- emotional sehr labil und verletzlich bist.

Mond-Merkur ***Einfühlsame Worte***

Jetzt kannst Du Deinen Gedanken und Worten emotional nahe sein. Lasse Dich seelisch von dem bewegen, was Dir im Moment durch den Kopf geht. Drücke Dich einfühlsam aus. Spüre, wie Deine Gefühle Deine Gedanken beeinflussen.

Einen erlösten Umgang mit den Herausforderungen dieses Transits erkennst Du daran, daß Du
- Dich gut in Deine Wahrnehmungen und Gedanken einfühlen kannst.
- das, was Du sagst, auch spürst.
- Dir aus der Seele sprichst.

Einen unerlösten Umgang mit den Herausforderungen dieses Transits erkennst Du daran, daß Du
- jeden Gedanken zum Weinen findest.
- nicht in der Stimmung bist, Dich mitzuteilen.
- nur noch Deine Mutter aus Dir sprechen läßt.

Mond-Venus ***Harmonische Stimmung***

Jetzt kannst Du allem nahe sein, was Du liebst. Spüre Dein seelisches Verlangen nach Liebe und Zuwendung, aber bemuttere nicht jeden, den Du magst. Lasse Dich durch das berühren, was schön für Dich ist.

Einen erlösten Umgang mit den Herausforderungen dieses Transits erkennst Du daran, daß Du
- Deine Liebesfähigkeit spürst.
- Dich an schönen Dingen nährst.
- Dich harmonisch und ausgeglichen fühlst.

Einen unerlösten Umgang mit den Herausforderungen dieses Transits erkennst Du daran, daß Du

– Dich von den Menschen, die Du magst, nicht unterstützt fühlst.
– nicht spüren kannst, was schön für Dich ist.
– jeden Kochtopf für den Gürtel der Aphrodite hältst.

Mond-Mars ***Gereizte Stimmung***

Jetzt kannst Du aus seelischen Impulsen heraus handeln und aktiv werden. Spüre Deine Unternehmungslust, aber reagiere nicht gleich gereizt, wenn Du nicht kriegst, was Du willst. Im Moment ist alles, was Du tust, von Deiner Stimmung abhängig, was nicht heißt, daß Du nur noch instinktgesteuert handeln sollst.

Einen erlösten Umgang mit den Herausforderungen dieses Transits erkennst Du daran, daß Du
– unternehmungslustig bist.
– bei allem, was Du tust, auf Deine Gefühle achtest.
– mit Einfühlungsvermögen handelst.

Einen unerlösten Umgang mit den Herausforderungen dieses Transits erkennst Du daran, daß Du
– in Streitlaune bist.
– impulsiv handelst.
– nur noch aus dem Bauch heraus handelst.

Mond-Jupiter ***Hochstimmung***

Wenn Du jetzt keine gute Laune kriegst, dann wirst Du wohl nie welche haben. Spüre Deine Zuversicht und sei optimistisch. Besser als jetzt kann es Dir nicht mehr gehen, aber hebe deswegen nicht gleich ab.

Einen erlösten Umgang mit den Herausforderungen dieses Transits erkennst Du daran, daß Du
– ein emotionales Hoch hast.
– mit Deiner guten Laune andere mitreißt.
– Dich zuversichtlich und voller Hoffnung fühlst.

Einen unerlösten Umgang mit den Herausforderungen dieses Transits erkennst Du daran, daß Du
– gefühlsmäßig abhebst.

– aus Deiner Laune heraus zu Übertreibungen neigst.
– keinerlei Glücksgefühle erlebst.

Mond-Saturn ***Unzulänglichkeitsgefühle***

Jetzt kannst Du in eine ernste Stimmung geraten und Dich schnell unzulänglich fühlen. Spüre den Ernst des Lebens, aber lasse Dich nicht von ihm niederdrücken. Jede Form der Zurückweisung geht Dir jetzt besonders zu Herzen, drum achte darauf, ob Du nicht besser ein paar Stunden für Dich alleine bleibst.

Einen erlösten Umgang mit den Herausforderungen dieses Transits erkennst Du daran, daß Du
– Deine Grenzen spürst.
– Verantwortungsgefühl zeigst.
– Dir selbst genügst.

Einen unerlösten Umgang mit den Herausforderungen dieses Transits erkennst Du daran, daß Du
– das Gefühl hast, daß keiner Dich unterstützt.
– niedergeschlagen bist und ein emotionales Tief hast.
– Dich als Versager fühlst.

Mond-Chiron ***Seelenschmerz***

Du kannst jetzt Deinen inneren Wunden und Verletzungen besonders nahe kommen. Spüre, was Dir in der Seele weh tut, aber scheuere Dich nicht wund daran. Es ist jetzt heilsam für Dich, auch andere Deine verletzlichen Seiten spüren zu lassen.

Einen erlösten Umgang mit den Herausforderungen dieses Transits erkennst Du daran, daß Du
– fühlst, wo Deine wunden Punkte sind.
– spürst, was heilsam für Dich ist.
– Deine verletzlichen Seiten pflegst.

Einen unerlösten Umgang mit den Herausforderungen dieses Transits erkennst Du daran, daß Du
– Dich dünnhäutig und verletzlich fühlst.
– Dich Deinem Seelenschmerz auslieferst.
– Dir unbewußt weh tust.

Mond-Uranus ***Stimmungswechsel***

Jetzt kannst Du innerhalb von Sekunden Deine Stimmung wechseln. Spüre den Freiraum, den Du im Moment brauchst, und unternimm etwas, das Dir einen Kick versetzt. Lasse Dich seelisch anregen, ohne Dich zu sehr aufzuregen.

Einen erlösten Umgang mit den Herausforderungen dieses Transits erkennst Du daran, daß Du
- Dich frei und unabhängig fühlst.
- spontanen Eingebungen folgst.
- es zuläßt, innerlich etwas aufgekratzt zu sein.

Einen unerlösten Umgang mit den Herausforderungen dieses Transits erkennst Du daran, daß Du
- Dich eingeengt und unruhig fühlst.
- keine Nähe ertragen kannst.
- emotional kühl und distanziert reagierst.

Mond-Neptun ***Seelische Verschmelzung***

Jetzt kannst Du für ein paar Stunden mit Deiner Sehnsucht verschmelzen. Spüre Dein seelisches Verlangen nach Erlösung, ohne gleich zu Rauschmitteln zu greifen. Du kannst jetzt anderen stimmungsmäßig so nahe sein, daß Du Dich eins mit ihnen fühlst. Bleibe dennoch Du selbst, sonst schaffst Du emotionale Verwirrung.

Einen erlösten Umgang mit den Herausforderungen dieses Transits erkennst Du daran, daß Du
- Dich seelisch mit der Welt verbunden fühlst.
- mitfühlend bist.
- Deine Hilfsbereitschaft spürst.

Einen unerlösten Umgang mit den Herausforderungen dieses Transits erkennst Du daran, daß Du
- in einer verwirrten Stimmung bist.
- Dich emotional nicht mehr abgrenzen kannst.
- jeden retten möchtest, der Dir jetzt nahe kommt.

Mond-Pluto ***Emotionaler Tiefgang***

Jetzt sind Dir die verdrängten Seiten Deines Wesens besonders nahe. Spüre die Kraft in Deinem Innern, die Dich wandeln und transformieren möchte. Nutze Deine leidenschaftliche und intensive Stimmung, um Situationen zu bereinigen, die nicht wahrhaftig sind. Zeige ehrlich, was Du fühlst, aber verletze Dich nicht selbst dabei.

Einen erlösten Umgang mit den Herausforderungen dieses Transits erkennst Du daran, daß Du
- Deine inneren Tiefen spürst.
- in einer Stimmung bist, die Dir unter die Haut geht.
- instinktiv wahrnimmst, was Dir gefährlich werden könnte.

Einen unerlösten Umgang mit den Herausforderungen dieses Transits erkennst Du daran, daß Du
- Dich seelisch ausgeliefert fühlst.
- unbewußten Stimmungen folgst.
- zu Machtkämpfen aufgelegt bist.

Merkur-Transite

Allgemeine Hinweise

Mitteilungen
Merkur-Transite halten Botschaften für uns bereit, die wir dazu nutzen können, mehr über uns selbst und die Welt, in der wir leben, zu erfahren. Wir können unter Merkur-Transiten viel Neues lernen, indem wir uns mitteilen und mit anderen austauschen. Wir haben die Möglichkeit, unsere Neugier zu befriedigen und gleichzeitig zu sagen, was wir zu sagen haben.

Die eigene Wahrnehmung schulen
Aus der Vielzahl an Eindrücken und Informationen, die täglich auf uns einströmen, müssen wir diejenigen herausfiltern, die uns wirklich etwas bedeuten. Merkur-Transite unterstützen uns darin, unsere Wahrnehmung zu schulen und das zu hören, was wichtig für uns ist. Dabei gilt es, sowohl nach außen als auch nach innen zu hören, denn nicht nur andere, sondern auch wir selbst haben uns oft Wichtiges zu sagen.

Innere Dialoge
Die Aktivität unseres Denkens drückt sich auch darin aus, daß wir uns ständig in einem inneren Dialog mit uns selbst befinden. Merkur-Transite können uns die Folgen dieser Selbstkommunikation bewußt machen. Wenn wir sehr einseitig oder unvollständig mit uns selbst kommunizieren, dann verstehen wir uns selbst und auch die Welt immer weniger. Merkur-Transite bieten die Chance, diese Lücken zu schließen und unser Verständnis sowohl für uns selbst als auch die Welt um uns herum zu vervollständigen.

Gehört werden

Um von anderen gehört zu werden, müssen wir uns verständlich mitteilen. Unter Merkur-Transiten können wir lernen, die verschiedenen Facetten unserer Persönlichkeit klar und eindeutig auszudrücken, indem wir selbst die Vielschichtigkeit unseres Wesens besser verstehen lernen. Nur was wir über uns selbst wissen, können wir anderen so mitteilen, daß sie uns hören und vielleicht sogar verstehen werden.

Neue Einfälle

Unter Merkur-Transiten sollte uns etwas Neues einfallen, sonst begegnen wir allen Erfahrungen stets mit den gleichen Denk- und Wahrnehmungsmustern. Auch wenn wir dieses Verhalten gerne als »gesunden Menschenverstand« deklarieren, kann es dennoch nicht darüber hinwegtäuschen, daß wir nur aus neuen Fehlern etwas lernen können und nicht aus der ständigen Wiederholung der alten.

Frechheiten

Merkur ist auch der Gott der Frechheit. Seine Transite können wir daher nutzen, um schlauer und gewitzter zu werden. Nicht jeder ist ein geborener Händler, aber das ist noch lange kein Grund, sich für dumm verkaufen zu lassen. In unserer Kultur ist der Ehrliche der Dumme, und unter Merkur-Transiten müssen wir uns entscheiden, welche kleinen und großen Lügen wir vertreten können. Auch wenn Frechheit nicht immer siegen darf, etwas mehr Witz und Schlauheit kann der Welt nicht schaden.

Merkur-Zyklen

Merkur braucht 12–14 Monate, um einmal durch den Tierkreis zu wandern. Er befindet sich dabei stets in der Nähe der Sonne, von der er sich maximal 28° entfernen kann. Merkur-Transite durch die Häuser dauern je nach Hausgröße 15–60 Tage, bei rückläufigen Phasen auch 90 Tage und mehr. Merkur-Transite zu den Radixplaneten sind je nach innerer Wahrnehmungsbereitschaft nur einige Stunden oder sogar 7–9 Tage lang zu spüren, bei rückläufigen Phasen auch bis zu 3 Wochen lang.

Merkur wird alle 4 Monate für 3 Wochen rückläufig. Seine rückläufige Phase stellt eine Pause dar, in der wir alle Eindrücke und Erfahrungen der vergangenen 4 Monate innerlich verarbeiten und verdauen können.

Was bei Merkur-Transiten zu tun ist

Was die eigene Entwicklung unterstützt:
- die Bereitschaft, sich mitzuteilen und mit anderen auszutauschen,
- ein gutes Wahrnehmungsvermögen,
- die Fähigkeit, auf innere und außere Botschaften zu hören,
- Offenheit für neue Gedanken und Ideen,
- dafür zu sorgen, von anderen wahrgenommen und gehört zu werden.
- Cleverness und Gewitztheit.

Was die eigene Entwicklung hemmt:
- Geschwätzigkeit und geistige Oberflächlichkeit,
- nicht zuhören können,
- eine eingeschränkte, selektive Wahrnehmung,
- nichts zu sagen zu haben,
- mangelnder Humor,
- sich für dumm verkaufen zu lassen.

Merkur-Transite durch die Häuser

Merkur im 1. Haus *Götterbote*

Nutze die Chance, Dich von Deiner kommunikativen Seite zu zeigen. Jetzt sollte jeder sehen können, was Du alles weißt. Stelle die Qualitäten Deines Verstandes zur Schau, aber versuche nicht zwanghaft, wie ein Schlauberger dazustehen. Du kannst jetzt andere über den Haufen reden, solange Du nicht den Maulhelden spielst. Sei so frei, Dich unvermittelt und direkt auszudrücken. Sorge dafür, daß andere hören, was Du zu sagen hast.

Einen erlösten Umgang mit den Herausforderungen dieses Transits erkennst Du daran, daß Du
- gehört wirst, wenn Du Dich zeigst.
- Dein Wissen unmittelbar ausdrückst.
- einen intelligenten Eindruck vermittelst.

Einen unerlösten Umgang mit den Herausforderungen dieses Transits erkennst Du daran, daß Du
- Dein Mundwerk nicht mehr stoppen kannst.
- überall den Schlauberger spielst.
- zu allem Deinen Kommentar abgeben mußt.

Merkur im 2. Haus ***Geldgeschäfte***

Jetzt ist eine gute Zeit, um Geschäfte zu machen und über Geld zu reden. Erkenne, wieviel Dir das, was Dir gehört, wert ist. Lasse Dich nicht übers Ohr hauen, und bringe Deine Geldangelegenheiten in Ordnung. Lasse Dich beraten, wie Du Deine Besitzstände sichern bzw. vermehren kannst. Denke über Dein Selbstwertgefühl nach, aber blättere dabei nicht in Deinen Kontoauszügen.

Einen erlösten Umgang mit den Herausforderungen dieses Transits erkennst Du daran, daß Du
- Dein Geld mit Verstand zu nutzen weißt.
- Dir über Dein Eigentum Gedanken machst.
- weißt, was Du wert bist.

Einen unerlösten Umgang mit den Herausforderungen dieses Transits erkennst Du daran, daß Du
- nur noch Kontoauszüge liest.
- ständig über Geld redest.
- allen erzählst, was Du wert bist.

Merkur im 3. Haus ***Tagesgespräch***

Lasse Dir was einfallen, um mitreden zu können, aber erzähle keine Lügengeschichten. Informiere Dich über das, was um Dich herum los ist. Erkunde Deine Umgebung nach Wissenswertem, ohne Deinen Nachbarn ein Loch in den Bauch zu fragen. Halte Dich über das, was täglich in Deiner Umwelt passiert, auf dem

Laufenden, auch wenn in jeder Zeitung fast das Gleiche steht. Melde Dich mal wieder bei Deinen Geschwistern und Verwandten zu Wort.

Einen erlösten Umgang mit den Herausforderungen dieses Transits erkennst Du daran, daß Du
- in gutem Kontakt mit Deiner Umgebung stehst.
- Dein Informationsbedürfnis befriedigst.
- Dich den Menschen, mit denen Du täglich zu tun hast, mitteilst.

Einen unerlösten Umgang mit den Herausforderungen dieses Transits erkennst Du daran, daß Du
- Deinen Nachbarn wortreich verschweigst, was Du ihnen alles angedichtet hast.
- nur noch Kaffeekränzchen veranstaltest.
- Telefonrechnungen hast, die Dein Einkommen übersteigen.

Merkur im 4. Haus ***Familiengespräche***

Nutze die Gelegenheit, Dich mehr mit Deiner Familie zu beschäftigen und auszutauschen. Sage, was Du zu Hause zu sagen hast, und sorge dafür, auch gehört zu werden. Rufe Leute aus Deiner alten Heimat an und erkundige Dich, wie es ihnen geht. Denke darüber nach, wie Deine Vergangenheit Dich bis heute beeinflußt.

Einen erlösten Umgang mit den Herausforderungen dieses Transits erkennst Du daran, daß Du
- weißt, was zu Hause los ist.
- Deiner Familie was zu sagen hast.
- auch mal zu Hause bleibst, um zu lesen oder zu schreiben.

Einen unerlösten Umgang mit den Herausforderungen dieses Transits erkennst Du daran, daß Du
- zu Hause nichts mehr zu melden hast.
- ständig unter der Bettdecke bleibst, um Groschenromane zu lesen.
- nur noch Post von Deinem Vermieter bekommst.

Merkur im 5. Haus ***Schöpferische Gedanken***

Wenn Deine Gedanken jetzt nur noch um Kinder kreisen, dann wird es Zeit, Deine anderen kreativen und schöpferischen Seiten sprechen zu lassen. Erkenne Deine Originalität, ohne jede Deiner Ideen für einmalig zu halten. Lasse Deine Gedanken spielen, aber werde nicht kindisch dabei. Lerne Dich zu amüsieren und Spaß zu haben – in dieser Hinsicht kannst Du viel von Kindern lernen.

Einen erlösten Umgang mit den Herausforderungen dieses Transits erkennst Du daran, daß Du
– auch mal ans Spielen und Spaßhaben denkst.
– unterhaltsam und witzig bist.
– Dich schöpferisch ausdrückst.

Einen unerlösten Umgang mit den Herausforderungen dieses Transits erkennst Du daran, daß Du
– Deinen Kindern nichts mehr zu sagen hast.
– anderen ständig Streiche spielst.
– nur von Deinen Talenten erzählst, statt sie zu nutzen.

Merkur im 6. Haus ***Arbeitsbesprechung***

Tausche Dich mit Deinen Arbeitskollegen aus, und informiere Dich über alles, was an Deinem Arbeitsplatz vor sich geht, ohne dem Büroklatsch aufzusitzen. Teile Dich den Menschen mit, mit denen Du täglich zusammen bist. Denke über Deinen Alltag nach, und mache eine Liste aller Arbeiten und Pflichten, die Du zu erledigen hast.

Einen erlösten Umgang mit den Herausforderungen dieses Transits erkennst Du daran, daß Du
– Deinen Alltag besser planst und organisierst.
– bei Deiner Arbeit den Austausch mit anderen pflegst.
– Dir Gedanken über Deine Gesundheit machst.

Einen unerlösten Umgang mit den Herausforderungen dieses Transits erkennst Du daran, daß Du
– während der Arbeit nur noch Zeitung liest.
– ständig an Deinen Arbeitskollegen herumnörgelst.
– von einer ärztlichen Untersuchung zur nächsten eilst.

Merkur im 7. Haus ***Andere Meinungen***

Jetzt kannst Du durch andere mehr über Dich selbst erfahren. Lasse Dich von ihnen beraten und mit Informationen versorgen. Versuche, andere Standpunkte und Meinungen besser zu verstehen, aber denke nicht die Gedanken anderer Leute. Höre auf Deinen Partner, er hat Dir jetzt viel zu sagen.

Einen erlösten Umgang mit den Herausforderungen dieses Transits erkennst Du daran, daß Du
- verstehst, was Dein Partner denkt.
- im Austausch mit anderen mehr über Dich selbst erfährst.
- neugierig auf das Wissen anderer bist.

Einen unerlösten Umgang mit den Herausforderungen dieses Transits erkennst Du daran, daß Du
- Deinem Partner gegenüber nicht mehr zu Wort kommst.
- andere für Dich sprechen läßt.
- Dir zuviel Gedanken über die Gedanken anderer machst.

Merkur im 8. Haus ***Intime Gespräche***

Jetzt wird es Zeit, über Tabuthemen zu reden, ohne gleich sämtliche Geheimnisse auszuplaudern. Tausche Dich mit Menschen, auf die Du Dich auf einer tieferen Ebene eingelassen hast, über das aus, was euch miteinander verbindet. Rede dabei auch über Dinge, die Dir sonst unangenehm sind, z.B. gemeinsame Sexualität, Besitz etc. Traue Dich, auch über den Tod nachzudenken.

Einen erlösten Umgang mit den Herausforderungen dieses Transits erkennst Du daran, daß Du
- über Dinge redest, die Du sonst lieber verschweigst.
- Geheimnissen auf die Spur kommst.
- Dich mit Deinen Tabus beschäftigst.

Einen unerlösten Umgang mit den Herausforderungen dieses Transits erkennst Du daran, daß Du
- nur noch Krimis liest.
- von Deinen Gedanken an Sex beherrscht wirst.
- Dich mit den Geheimnissen anderer belastest.

Merkur im 9. Haus ***Reisetagebuch***

Lenke Deine Gedanken in höhere Gefilde, ohne nur noch aus der Bibel zu zitieren. Lerne etwas, was Deinen Horizont erweitert, und lese Bücher, die Deine Gedanken in die Ferne schweifen lassen. Versuche, größere Zusammenhänge zu erkennen, und denke darüber nach, was Deinem Leben Sinn und Perspektive vermittelt. Kommuniziere mit Menschen aus anderen Kulturkreisen, und informiere Dich über das, was in anderen Teilen der Welt passiert.

Einen erlösten Umgang mit den Herausforderungen dieses Transits erkennst Du daran, daß Du

- Dich mit der Frage nach dem Sinn des Daseins beschäftigst.
- Dir Gedanken über Deine Zukunft machst.
- etwas lernst, was Deinen Horizont erweitert.

Einen unerlösten Umgang mit den Herausforderungen dieses Transits erkennst Du daran, daß Du

- nur noch in heiligen Schriften liest.
- Arztromane mit Bildungsliteratur verwechselst.
- ständig von Deinen Überzeugungen erzählst.

Merkur im 10. Haus ***Statusdenken***

Sage öffentlich, was Du denkst, und sorge dafür, von der Gesellschaft wahrgenommen zu werden. Unterhalte Dich mit Deinen Vorgesetzten, aber übernimm nicht gleich deren Meinungen und Standpunkte. Mische Dich in die öffentliche Diskussion ein, und vertrete offen Deine Ansichten. Mache Dir Gedanken über Deine Berufung und Deine Rolle in der Gesellschaft, ohne dabei ständig Stellenanzeigen zu lesen.

Einen erlösten Umgang mit den Herausforderungen dieses Transits erkennst Du daran, daß Du

- über das sprichst, wozu Du Dich berufen fühlst.
- über Statusfragen nachdenkst.
- Dich an öffentlichen Diskussionen beteiligst.

Einen unerlösten Umgang mit den Herausforderungen dieses Transits erkennst Du daran, daß Du

– nicht öffentlich sagst, was Du denkst.
– ständig Deine Vorgesetzten zitierst.
– nur noch Post von Behörden bekommst und Formulare ausfüllst.

Merkur im 11. Haus ***Vereinssitzung***

Nutze die Zeit, Dich mit Gleichgesinnten auszutauschen. Treffe Dich mit Freunden und erzähle ihnen, was Dir durch den Kopf geht. Bringe Deine Interessen in Verbände und Gruppen ein, aber schwinge nicht auf jeder Vereinssitzung große Reden. Mache Dir Gedanken über die Ideale, die Dich mit anderen verbinden.

Einen erlösten Umgang mit den Herausforderungen dieses Transits erkennst Du daran, daß Du
– angeregte Gespräche mit Freunden führst.
– Dich bei Interessensverbänden zu Wort meldest.
– Dich an Diskussionsrunden beteiligst.

Einen unerlösten Umgang mit den Herausforderungen dieses Transits erkennst Du daran, daß Du
– Deine Tage nur noch auf Vereinssitzungen verbringst.
– Deinen Freunden nichts zu sagen hast.
– jeden übers Ohr haust, der Deine Interessen teilt.

Merkur im 12. Haus ***Zeit zum Nachdenken***

Ziehe Dich zurück, um mehr Zeit zum Nachdenken zu haben. Gönne Dir eine Verschnaufpause, damit Du alles verarbeiten kannst, was an Eindrücken und Informationen auf Dich eingestürzt ist. Schreibe Tagebuch oder nutze andere Mittel zur Selbstreflektion. Versuche hinter die Dinge zu schauen und zu erkennen, was Du sonst gerne verdrängst. Achte jetzt auf Deine Träume, sie enthalten wichtige Botschaften aus Deinem Unbewußten. Lerne zu meditieren oder innerlich abzuschalten.

Einen erlösten Umgang mit den Herausforderungen dieses Transits erkennst Du daran, daß Du
– Dir eine Zeit der Stille gönnst.
– Deine Verdrängungen aufarbeitest.
– Deine Träume analysierst.

Einen unerlösten Umgang mit den Herausforderungen dieses Transits erkennst Du daran, daß Du
- nur noch Selbstgespräche führst.
- heimliche Gerüchte verbreitest.
- Dich für einen Geheimdetektiv hältst.

Merkur-Transite zu den Planeten

Merkur-Sonne *Selbstwahrnehmung*

Jetzt kannst Du erkennen, was der Satz bedeutet: Ich denke, also bin ich. Versuche, Dich selbst besser wahrzunehmen und Dir Gedanken über Deine Person zu machen. Nutze die Chance, Dich besser kennenzulernen, aber denke nicht ständig an Dich selbst. Erkenne, wie Deine Gedanken Dein Selbstbild beeinflussen, und teile Dich so mit, wie es Dir entspricht.

Einen erlösten Umgang mit den Herausforderungen dieses Transits erkennst Du daran, daß Du
- über das redest, was Dich persönlich angeht.
- Deine Selbstwahrnehmung verbesserst.
- erkennst, was für Dich wesentlich ist.

Einen unerlösten Umgang mit den Herausforderungen dieses Transits erkennst Du daran, daß Du
- Dich ausschließlich mit Dir selbst beschäftigst.
- ständig von Dir erzählst.
- nur das hörst, was Dir ins Konzept paßt.

Merkur-Mond *Gefühlsäußerung*

Jetzt kannst Du Deine Gefühle in Worte fassen. Drücke aus, was Du brauchst, um Dich versorgt und seelisch unterstützt zu fühlen. Erkenne, wie Dein Denken Deine Gefühle beeinflußt. Du kannst jetzt Deine Bedürfnisse besser wahrnehmen als sonst. Achte jedoch darauf, Dein Seelenleben nicht übermäßig zu analysieren.

Einen erlösten Umgang mit den Herausforderungen dieses Transits erkennst Du daran, daß Du
- auf Deine Gefühle hörst.

– sagst, was Du brauchst und was Dich seelisch unterstützt.
– erkennst, was Dich nährt.

Einen unerlösten Umgang mit den Herausforderungen dieses Transits erkennst Du daran, daß Du
– Dein Seelenleben zerredest.
– ständig über Deine Gefühle sprichst.
– bei jedem Satz feuchte Augen bekommst.

Merkur-Merkur ***Das Denken der Gedanken***

Lasse Deiner Neugier freien Lauf, und sorge für einen guten Informationsfluß zwischen Dir und anderen. Mache Dir Gedanken darüber, wie Du denkst und Dich ausdrückst. Nimm einen möglichst objektiven Standpunkt ein, aber relativiere nicht jeden Deiner Gedanken durch übermäßiges Analysieren.

Einen erlösten Umgang mit den Herausforderungen dieses Transits erkennst Du daran, daß Du
– klar und objektiv kommunizierst.
– im Kopf hell und wach bist.
– Dir über Deinen Verstand Gedanken machst.

Einen unerlösten Umgang mit den Herausforderungen dieses Transits erkennst Du daran, daß Du
– leeres Geschwätz von Dir gibst.
– pausenlos nachdenkst und grübelst.
– alles relativ siehst.

Merkur-Venus ***Liebesgeflüster***

Teile anderen Deine Liebe mit, ohne gleich ein Beziehungsgespräch nach dem anderen zu führen. Tausche Dich mit Menschen, die Du gerne hast, über die schönen und angenehmen Seiten des Lebens aus, und besuche mal wieder eine Kunstgalerie oder eine gute Ausstellung. Richte Deine Wahrnehmung auf das, was schön ist und Dir gefällt, ohne gleich jeden gutaussehenden Menschen auf der Straße anzusprechen.

Einen erlösten Umgang mit den Herausforderungen dieses Transits erkennst Du daran, daß Du

– über das sprichst, was Du liebst.
– über Deine Liebesbeziehungen nachdenkst.
– Deine Liebe in Worte faßt.

Einen unerlösten Umgang mit den Herausforderungen dieses Transits erkennst Du daran, daß Du
– einen Liebesbrief nach dem anderen schreibst.
– Dich vorwiegend in Gedichtform ausdrückst.
– nur noch mit Frauen redest.

Merkur-Mars ***Kampfansage***

Drücke klar und deutlich aus, was Du willst und welche Ziele Du verfolgst, ohne mit jedem Streit zu kriegen. Jetzt kannst Du erkennen, wie Du Dich am besten durchsetzen und selbst behaupten kannst. Dies ist eine gute Zeit, um »Schlachtpläne« zu schmieden und erst zu denken und dann zu handeln. Versuche zu verstehen, was Dich motiviert und antreibt und wie Du Deine sexuellen Bedürfnisse ausdrückst.

Einen erlösten Umgang mit den Herausforderungen dieses Transits erkennst Du daran, daß Du
– unmißverständlich sagst, was Du willst.
– etwas über Dein Durchsetzungsverhalten lernst.
– Dir Gedanken über den Umgang mit Aggressionen machst.

Einen unerlösten Umgang mit den Herausforderungen dieses Transits erkennst Du daran, daß Du
– eine Kampfansage nach der anderen verkündest.
– vor lauter Nachdenken nicht mehr zum Handeln kommst.
– nur noch mit Männern redest.

Merkur-Jupiter ***Predigt***

Jetzt kannst Du Deinen Möglichkeitssinn schulen. Lasse Deinen Gedanken freien Lauf, und überlege, was wäre wenn, ohne dabei abzuheben. Teile anderen Deine persönlichen Überzeugungen mit, aber halte keine Predigten. Erkenne, woraus Du Zuversicht und Hoffnung schöpfen kannst, und nimm Deine optimistischen Seiten wahr. Mache Dir Gedanken darüber, wie Du wachsen und Dich weiterentwickeln kannst.

Einen erlösten Umgang mit den Herausforderungen dieses Transits erkennst Du daran, daß Du
- über das redest, woran Du glaubst und wovon Du überzeugt bist.
- Deine optimistischen Seiten wahrnimmst.
- Dir Gedanken über Deine Potentiale machst.

Einen unerlösten Umgang mit den Herausforderungen dieses Transits erkennst Du daran, daß Du
- Deine Möglichkeiten überschätzt.
- denkst, Du wärst besser als andere.
- allen von Deinen Übertreibungen erzählst.

Merkur-Saturn ***Grenzwahrnehmung***

Du kannst jetzt Deine Grenzen besser wahrnehmen als sonst. Erkenne, worauf Du verzichten könntest und wodurch Du Dich eingeschränkt fühlst. Rede über Dinge, die Du ernst meinst. Mache Dir Gedanken über das, wofür Du verantwortlich bist und wie Du Deinen alltäglichen Pflichten nachkommst. Nehme Deine Defizite wahr, ohne Dich von Deinen Schwachstellen blockieren zu lassen.

Einen erlösten Umgang mit den Herausforderungen dieses Transits erkennst Du daran, daß Du
- Deine Grenzen erkennst.
- Dich mit der Realität auseinandersetzt.
- Dich verbal von anderen abgrenzen kannst.

Einen unerlösten Umgang mit den Herausforderungen dieses Transits erkennst Du daran, daß Du
- lediglich Deine Defizite und Unzulänglichkeiten wahrnimmst.
- mit dem, was Du sagst, ständig an Grenzen stößt.
- überall Hindernisse siehst.

Merkur-Chiron ***Schmerzen ausdrücken***

Drücke Deinen Schmerz aus, aber stöhne nicht bei jedem Satz, den Du von Dir gibst. Nimm Deine wunden Punkte wahr, und mache Dir Gedanken über eine mögliche Heilung. Tausche Dich mit anderen über Deine Verletzungen aus, ohne ständig über

Pflaster und Mullbinden zu reden. Erkenne, was heilsam und tröstlich für Dich ist.

Einen erlösten Umgang mit den Herausforderungen dieses Transits erkennst Du daran, daß Du
– sagst, was Dich schmerzt.
– Deine Wunden erkennst.
– Dir Gedanken machst, die heilsam sind.

Einen unerlösten Umgang mit den Herausforderungen dieses Transits erkennst Du daran, daß Du
– nur noch Schmerzensschreie von Dir gibst.
– Dinge sagst, die Dich noch mehr verletzen.
– glaubst, alles was Du sagst, sei heilsam für andere.

Merkur-Uranus ***Unabhängigkeitserklärung***

Drücke jetzt Dein Bedürfnis nach Freiheit aus, ohne eine Unabhängigkeitserklärung nach der anderen abzugeben. Richte Deine Wahrnehmung auf das, was aus dem Rahmen fällt. Erkenne Deine unangepaßten Seiten, und höre auf den Rebellen in Dir. Rede über das, was Dich frei macht, auch wenn es verrückt oder ungewöhnlich klingt.

Einen erlösten Umgang mit den Herausforderungen dieses Transits erkennst Du daran, daß Du
– Deiner Andersartigkeit Ausdruck verleihst.
– Dir Gedanken über Deine Unabhängigkeit machst.
– Deine rebellischen Seiten wahrnimmst.

Einen unerlösten Umgang mit den Herausforderungen dieses Transits erkennst Du daran, daß Du
– denkst, Du wärst verrückt.
– Dich exzentrisch ausdrückst.
– nervös wirst, weil Du Dich eingesperrt fühlst.

Merkur-Neptun ***Tagträume***

Erkenne, was Dich verwirrt und wo Du unklar bist. Mache Dir Gedanken über Deine Sehnsüchte, und analysiere Dein Suchtverhalten. Rede über das, was Dir unklar ist, statt Dich mit

Unaufrichtigkeiten selbst zu schonen. Erkenne, womit Du Dich selbst täuschst, um Dir Enttäuschungen zu ersparen.

Einen erlösten Umgang mit den Herausforderungen dieses Transits erkennst Du daran, daß Du
- aussprichst, wonach Du Dich sehnst.
- über Dein Suchtverhalten nachdenkst.
- Dich mit anderen über Deine Träume austauschst.

Einen unerlösten Umgang mit den Herausforderungen dieses Transits erkennst Du daran, daß Du
- nur noch Illusionen wahrnimmst.
- Dir falsche Hoffnungen machst und deshalb enttäuscht wirst.
- nur den Mund aufmachst, um Verwirrung zu stiften.

Merkur-Pluto ***Hiobsbotschaft***

Jetzt kannst Du die dunklen und verdrängten Seiten Deines Wesens wahrnehmen. Erkenne, was Macht über Dich hat und wo Du in Abhängigkeitsverhältnisse verstrickt bist. Drücke Deine inneren Wahrheiten aus, ohne eine Hiobsbotschaft nach der anderen auszusenden. Achte darauf, nicht zwanghaft Dinge auszusprechen, die Dir schaden.

Einen erlösten Umgang mit den Herausforderungen dieses Transits erkennst Du daran, daß Du
- Dir darüber klar wirst, wie Du mit Deiner Macht umgehst.
- Deine Tiefen auslotest.
- Dir Gedanken über Deine innere Wahrheit machst.

Einen unerlösten Umgang mit den Herausforderungen dieses Transits erkennst Du daran, daß Du
- auch solche Braten riechst, die nicht im Ofen sind.
- mit Deinen Worten Unglück stiftest.
- Dich zwanghaft mit Deinen Gedanken im Kreise drehst.

Venus-Transite

Allgemeine Hinweise

Die schönen Seiten des Lebens
Auch wenn wir es manchmal kaum glauben können, das Leben hat stets auch seine schönen Seiten. Unter Venus-Transiten können wir auf angenehme Weise mit diesen Seiten in Kontakt treten, indem wir uns selbst und anderen Menschen mit Zuneigung begegnen. Oft ist uns der Blick auf das, was schön ist, verstellt, weil wir nicht mit dem Herzen sehen. Die Transite der Venus können unser Herz öffnen, uns aber auch dazu verleiten, es leichtfertig zu verschenken.

Beziehung und Anziehung
In unserem Leben haben wir viele oberflächliche Kontakte und Begegnungen mit anderen Menschen. Unter Venus-Transiten können wir diese mit Liebe füllen und uns dadurch in Beziehung zu anderen und zu uns selbst bringen. Wir haben die Möglichkeit, mit unserer besonderen Ausstrahlung Menschen anzuziehen, mit denen wir angenehme und vergnügliche Erfahrungen machen und eine schöne Zeit verbringen können.

Liebe ausdrücken
Damit uns dies gelingt, müssen wir unter Venus-Transiten unsere Liebe nicht nur spüren, sondern auch ausdrücken. Wenn wir uns selbst nicht mit liebenden Augen sehen, wird auch niemand anderes die schönen Seiten aus uns herauslieben können. Die Liebe mag ein Geschenk des Himmels sein – unter Venus-Transiten sollten wir dieses Geschenk mit Inhalt füllen, damit wir uns nicht nur in schöne Verpackungen verlieben.

Narzißmus und Eitelkeit
Was wir als schön und angenehm empfinden, ist eine Frage des persönlichen Geschmacks. In unserer Kultur wird Schönheit jedoch oft über äußerliche Merkmale definiert. Damit wir unter Venus-Transiten nicht von einem Mode-, Kosmetik- und Friseurgeschäft zum nächsten rennen, gilt es, auch die innere Schönheit bei uns und anderen zu entdecken und wertzuschätzen. Narzißmus und Eitelkeit sind oft Ausdruck mangelnder Liebes- und Beziehungsfähigkeit.

Harmonie und Frieden stiften
Das Leben ist nicht immer Friede, Freude, Eierkuchen. Dennoch gibt es eine Seite in uns, die sich nach Frieden und Harmonie sehnt. Unter Venus-Transiten können wir mit dieser Seite in Kontakt treten und Frieden mit uns und anderen schließen. Sie bieten die Chance, in Harmonie mit uns und der Welt zu leben und fordern uns dazu auf, unser inneres Gleichgewicht zu bewahren bzw. wiederherzustellen.

Venus-Zyklen

Venus braucht 10–14 Monate, um einmal durch den Tierkreis zu wandern. Sie kann sich dabei maximal 48° von der Sonne entfernen. Venus-Transite durch die Häuser dauern je nach Hausgröße ca. 15–60 Tage, bei rückläufigen Phasen auch 100 Tage und mehr. Venus-Transite zu den Radixplaneten sind je nach innerer Beziehungs- und Liebesfähigkeit nur einige Stunden oder sogar 7–9 Tage lang zu spüren, bei rückläufigen Phasen auch bis zu 4 Wochen lang.

Venus wird ungefähr alle 19 Monate für ca. 40–44 Tage rückläufig. Sie ist somit nur knapp 7% ihrer gesamten Umlaufzeit rückläufig und wird darin von keinem anderen Planeten unterboten. Ihre rückläufige Phase stellt eine Pause dar, in der wir eine Bestandsaufnahme unserer Beziehungen vornehmen und uns unserer inneren Liebesfähigkeit bewußt werden können.

Was bei Venus-Transiten zu tun ist

Was die eigene Entwicklung unterstützt:
– die schönen Seiten des Lebens entdecken,
– Harmonie und Frieden schaffen,
– im Gleichgewicht bleiben,
– Kontakte knüpfen,
– Liebe und Zuneigung ausdrücken,
– sich verwöhnen lassen,
– ein liebevoller Umgang mit sich selbst und anderen.

Was die eigene Entwicklung hemmt:
– Eitelkeit und Selbstgerechtigkeit,
– eine passive Genußerwartung,
– das Einfordern von »Liebesdiensten«,
– zuviel des Guten zu wollen,
– nur nehmen statt auch zu geben,
– ein übertriebenes Harmoniebedürfnis.

Venus-Transite durch die Häuser

Venus im 1. Haus ***Schokoladenseite***
Zeige Dich von Deiner schönsten Seite, ohne eitel zu wirken. Kleide Dich so, daß Du Dich liebenswert und schön findest. Bring Deine weiblichen Seiten zum Ausdruck, auch als Mann. Trete harmonisch auf und wirke ausgleichend auf andere.

Einen erlösten Umgang mit den Herausforderungen dieses Transits erkennst Du daran, daß Du
– Dich von Deiner Schokoladenseite zeigst.
– harmonischer auftrittst als sonst.
– Dich attraktiv kleidest.

Einen unerlösten Umgang mit den Herausforderungen dieses Transits erkennst Du daran, daß Du
– Dich für die Schönste bzw. den Schönsten im ganzen Lande hältst.

– überall, wo Du auftauchst, Komplimente erwartest.
– ständig ein freundliches Gesicht machst.

Venus im 2. Haus ***Schmuckstücke***

Investiere in Deine Schönheit und kaufe Dir Sachen, die Dir gefallen und die das Leben angenehm machen. Sorge dafür, daß Deine Bankkonten ausgeglichen sind. Erkenne, wieviel Dir das, was Du liebst, wert ist, aber küsse nicht jeden Geldschein, der Dir in die Finger kommt.

♀

Einen erlösten Umgang mit den Herausforderungen dieses Transits erkennst Du daran, daß Du
– Dich für das liebst, was Du Dir selbst wert bist.
– Deine Ausgaben mit Deinen Einnahmen ins Gleichgewicht bringst.
– Dich an Deinen Schmuckstücken erfreust.

Einen unerlösten Umgang mit den Herausforderungen dieses Transits erkennst Du daran, daß Du
– glaubst, Dein Bankkonto mit Liebeserklärungen überziehen zu können.
– alles kaufst, was schön ist, ohne es Dir leisten zu können.
– nur Deine Wertsachen liebst.

Venus im 3. Haus ***Liebesbriefe***

Erledige Deine Korrespondenz mit Liebe, und genieße die kurzen Kontakte und Gespräche, die sich im Laufe eines Tages ergeben. Stifte Frieden in Deiner Nachbarschaft, und schenke der Zeitungsfrau um die Ecke ein paar Blumen.

Einen erlösten Umgang mit den Herausforderungen dieses Transits erkennst Du daran, daß Du
– die schönen Seiten Deiner unmittelbaren Umgebung genießt.
– Dich mit den Menschen vergnügst, mit denen Du täglich zu tun hast.
– Liebesbriefe schreibst oder bekommst.

Einen unerlösten Umgang mit den Herausforderungen dieses Transits erkennst Du daran, daß Du

– von Deinen Nachbarn ständig Liebe erwartest.
– Geschäftsbriefe mit Liebeserklärungen verwechselst.
– jedem Nachhilfestunden gibst, den Du gern hast.

Venus im 4. Haus ***Wohnungsverschönerung***
Bringe Schönheit in Dein Zuhause, und sorge für eine angenehme Atmosphäre in Deinen vier Wänden, ohne in Kitsch zu versinken. Genieße die schönen Seiten des Ortes, an dem Du lebst. Zeige Deiner Familie Deine Liebe und bereite Deinen Eltern eine kleine Freude.

Einen erlösten Umgang mit den Herausforderungen dieses Transits erkennst Du daran, daß Du
– zu Hause für Frieden und Harmonie sorgst.
– Deine Wohnung verschönerst.
– nett zu den Menschen bist, mit denen Du zusammenlebst.

Einen unerlösten Umgang mit den Herausforderungen dieses Transits erkennst Du daran, daß Du
– Deine vier Wände mit rosa Plüsch überziehst.
– Dich in Deine Kindheitsphotos verliebst.
– Deinem Vermieter eine Liebeserklärung machst.

Venus im 5. Haus ***Partytime***
Lasse Deine schöpferischen und kreativen Seiten auf künstlerische Weise zum Ausdruck kommen. Feiere eine ausgelassene Party mit Menschen, die Du gerne hast, aber falle nicht gleich jedem um den Hals, der origineller ist als Du. Geniesse es zu flirten und Dich verwöhnen zu lassen. Gönne Dir mit Deinen Kindern ein paar schöne, ausgelassene Tage.

Einen erlösten Umgang mit den Herausforderungen dieses Transits erkennst Du daran, daß Du
– Dich mit Liebesspielen vergnügst.
– ausgelassen und kreativ bist.
– Dinge tust, die Dir Spaß und Freude bereiten.

Einen unerlösten Umgang mit den Herausforderungen dieses Transits erkennst Du daran, daß Du

- Deine Tage nur noch mit Flirten verbringst.
- vor lauter Wohlgefühl nicht mehr aus dem Bett kommst.
- Dich in einen Künstler verliebst, statt selbst kreativ zu sein.

Venus im 6. Haus *Angenehmer Alltag*

Sorge für ein angenehmes Alltagsleben, und gehe Deiner Arbeit und Deinen Pflichten mit Liebe nach. Setze Deine diplomatischen Fähigkeiten ein, um Konflikte mit Arbeitskollegen zu bereinigen, aber verlieb Dich nicht in jeden, der an Deinem Schreibtisch vorbeikommt. Schaffe den richtigen Ausgleich zwischen Deinen täglichen Pflichten und Deinem Wunsch nach Muße und Freizeit.

Einen erlösten Umgang mit den Herausforderungen dieses Transits erkennst Du daran, daß Du
- Dir Dein Alltagsleben verschönerst.
- von Deinen Arbeitskollegen Geschenke bekommst.
- Dir einen harmonischen Ausgleich zu Deiner Arbeit schaffst.

Einen unerlösten Umgang mit den Herausforderungen dieses Transits erkennst Du daran, daß Du
- mit Süßigkeiten Deine Gesundheit ruinierst.
- glaubst, daß Deine Arbeit sich von selbst erledigt, weil Du so schön bist.
- Deine Arbeit mehr als alles andere liebst.

Venus im 7. Haus *Liebevolle Begegnungen*

Erkenne die Schönheit anderer Menschen, und lasse Dich auf liebevolle Begegnungen mit ihnen ein. Erkenne, was Du an anderen liebenswert findest. Überrasche Deinen Partner mit einem kleinen Geschenk, aber erwarte nicht ständig Liebeserklärungen. Freue Dich über die Zuwendung, die Du von anderen erfährst und genieße die Liebe, die Dir entgegengebracht wird.

Einen erlösten Umgang mit den Herausforderungen dieses Transits erkennst Du daran, daß Du
- von Deinem Partner Liebe und Zuwendung bekommst.
- durch andere etwas über die Liebe lernst.
- schöne und liebevolle Begegnungen hast.

Einen unerlösten Umgang mit den Herausforderungen dieses Transits erkennst Du daran, daß Du
– jeden fragst, ob er Dich liebt.
– andere liebenswerter findest als Dich selbst.
– nur andere Menschen schön findest.

Venus im 8. Haus ***Schäferstündchen***
Genieße es, durch die Liebe zu anderen Menschen verwandelt und transformiert zu werden. Lasse es zu, Dich durch tiefgreifende Bindungen mit anderen beschenkt und glücklich zu fühlen. Schaffe ein harmonisches Gleichgewicht zwischen dem, was Du von anderen bekommst und dem, was Du ihnen gibst. Liebe auch das, was sonst tabu ist, aber eile nicht von einem Schäferstündchen zum nächsten.

Einen erlösten Umgang mit den Herausforderungen dieses Transits erkennst Du daran, daß Du
– liebevolleren Sex hast als sonst.
– nett und herzlich mit den Menschen umgehst, auf die Du Dich tief eingelassen hast.
– intensiv liebst, um Dich zu wandeln.

Einen unerlösten Umgang mit den Herausforderungen dieses Transits erkennst Du daran, daß Du
– alles liebst, was verboten ist.
– durch Sex Liebe und Zuwendung suchst.
– Dir einen Millionär angelst, um an sein Geld zu kommen.

Venus im 9. Haus ***Urlaubsflirt***
Nutze die Chance, durch die Kraft der Liebe Deinen Horizont zu erweitern. Schweife in die Ferne, um den angenehmen Seiten des Lebens zu begegnen, aber küsse nicht gleich jeden, der aus einem anderen Kulturkreis kommt als Du. Lasse Dich auf Begegnungen mit Menschen ein, die Deinem Leben Sinn und Perspektive geben.

Einen erlösten Umgang mit den Herausforderungen dieses Transits erkennst Du daran, daß Du
– es genießt, in Urlaub zu fahren und zu flirten.

- durch die Liebe zu neuen Einsichten gelangst.
- liebevoll mit Menschen aus anderen Kulturkreisen umgehst.

Einen unerlösten Umgang mit den Herausforderungen dieses Transits erkennst Du daran, daß Du
- jeden anhimmelst, der gebildeter ist als Du.
- im Ausland nach der Liebe suchst.
- mit jedem flirtest, der einen starken Glauben hat.

Venus im 10. Haus ***Nette Gesellschaft***

Zeige Dich in der Öffentlichkeit von Deiner besten Seite, auch wenn Du nicht zur High-Society gehörst. Werte Dein gesellschaftliches Ansehen durch ein Frieden und Harmonie stiftendes Auftreten auf. Bringe Deine innere Berufung mit Liebe zum Ausdruck.

Einen erlösten Umgang mit den Herausforderungen dieses Transits erkennst Du daran, daß Du
- Dich in netter Gesellschaft wohlfühlst.
- mit Deinen Vorgesetzten Frieden schließt.
- Deinen gesellschaftlichen Status genießt.

Einen unerlösten Umgang mit den Herausforderungen dieses Transits erkennst Du daran, daß Du
- Deinen Vorgesetzten schöne Augen machst.
- von einer angenehmen Karriere träumst, weil Du gut aussiehst.
- zu jedem nett bist, der Deinen Status aufwertet.

Venus im 11. Haus ***Harmonische Freundschaften***

Zeig Deinen Freunden, daß Du sie magst, und verbringe eine harmonische Zeit mit ihnen. Genieße es, mit Gleichgesinnten zusammen zu sein und gemeinsam etwas Schönes zu schaffen.

Einen erlösten Umgang mit den Herausforderungen dieses Transits erkennst Du daran, daß Du
- es genießt, gesellige Abende mit Freunden zu verbringen.
- in Gruppen und Vereinen als Vermittler tätig bist.
- Gleichgesinnte findest, die Dir sympathisch sind.

Einen unerlösten Umgang mit den Herausforderungen dieses Transits erkennst Du daran, daß Du
– Freundschaft mit Liebe verwechselst.
– nur noch mit Vereinsmitgliedern flirtest.
– Dein Herz nur Gleichgesinnten schenkst.

Venus im 12. Haus ***Verborgene Liebe***

Ziehe Dich zurück, um Dein inneres Gleichgewicht zu finden. Entdecke die schönen Seiten des Alleinseins. Spüre, wie Du durch die Kraft der Liebe mit der ganzen Welt verbunden bist. Öffne Dich für die verborgene Schönheit der stillen Momente in Deinem Leben.

Einen erlösten Umgang mit den Herausforderungen dieses Transits erkennst Du daran, daß Du
– es liebst, alleine zu sein.
– die stillen Stunden Deines Lebens genießt.
– schöne Träume hast.

Einen unerlösten Umgang mit den Herausforderungen dieses Transits erkennst Du daran, daß Du
– eine heimliche Liebesaffäre beginnst.
– Dich für Deine Liebe opferst.
– nur im Verborgenen aufblühst.

Venus-Transite zu den Planeten

Venus-Sonne ***Narzißmus***

Sehe Dich selbst mit liebenden Augen, ohne narzißtisch zu werden. Erkenne die schönen Seiten Deiner Persönlichkeit, und sorge für eine möglichst ausgeglichene innere Haltung. Gehe liebevoll mit Dir selbst um, und bringe die besten Facetten Deines Wesens zum Ausdruck.

Einen erlösten Umgang mit den Herausforderungen dieses Transits erkennst Du daran, daß Du
– mit dem Herzen liebst.
– Dir gut tust.

– Dich sympathisch findest.

Einen unerlösten Umgang mit den Herausforderungen dieses Transits erkennst Du daran, daß Du
– nur noch Dich selbst liebst.
– ständig Dein Spiegelbild umarmst.
– Dich ausschließlich mit Dir selbst vergnügst.

Venus-Mond ***Liebesgefühle***

Gehe liebevoll mit Deinen Gefühlen um, und erfreue Dich Deiner angenehmen Stimmung. Unternimm etwas, bei dem Du Dich wohlfühlst. Genieße das Geschenk, mit dem versorgt zu werden, was Du brauchst und was Dich seelisch nährt, aber mache Deiner Mutter nicht ständig schöne Augen.

Einen erlösten Umgang mit den Herausforderungen dieses Transits erkennst Du daran, daß Du
– es genießt, versorgt zu werden.
– Dich rundherum wohlfühlst.
– eine angenehme Zeit mit Menschen verbringst, die Dir nahestehen.

Einen unerlösten Umgang mit den Herausforderungen dieses Transits erkennst Du daran, daß Du
– alles zu brauchen glaubst, was schön ist.
– nur noch angenehme Gefühle zuläßt.
– jeden liebst, der Dir den Schnuller hinhält.

Venus-Merkur ***Schöne Worte***

Drücke Dich liebevoll aus, und teile Dich anderen friedlich mit. Nutze Dein Verhandlungsgeschick, ohne Dich gleich auf jeden Kompromiß einzulassen. Du mußt zwar keine Gedichte schreiben, um von anderen verstanden zu werden, aber schöne Worte gehen Dir jetzt besonders leicht von den Lippen.

Einen erlösten Umgang mit den Herausforderungen dieses Transits erkennst Du daran, daß Du
– angenehme Gespräche und Verhandlungen führst.
– andere für Dich einnehmen kannst.

– Dich liebevoll ausdrückst.

Einen unerlösten Umgang mit den Herausforderungen dieses Transits erkennst Du daran, daß Du
– in jedes Deiner Wort verliebt bist.
– alles schönredest.
– Dich nur noch in Kompromissen ausdrückst.

Venus-Venus ***Liebreiz***

Genieße es, in tiefem Kontakt mit Deiner Liebesfähigkeit zu sein, aber gebe Dich nicht jedem hin, der Dir schöne Augen macht. Spüre Deine weibliche Kraft, auch als Mann. Sorge für Harmonie und Ausgleich in Deinem Leben, und verbinde Dich mit allem, was schön ist.

Einen erlösten Umgang mit den Herausforderungen dieses Transits erkennst Du daran, daß Du
– die Schönheit siehst, die Dich umgibt.
– liebevoll mit Deiner Liebe umgehst.
– harmonische und ausgeglichene Begegnungen hast.

Einen unerlösten Umgang mit den Herausforderungen dieses Transits erkennst Du daran, daß Du
– nur noch liebreizend bist.
– Dich in die Liebe verliebst.
– erwartest, daß alle Welt Dich liebt.

Venus-Mars ***Liebe und Eros***

Bringe Deine sexuellen Wünsche liebevoll zum Ausdruck, aber stolpere nicht über jede Bettkante, denn Du könntest dabei in Betten landen, die Dir nicht gefallen. Genieße das erotische Prickeln der Liebe, und spiele lustvoll mit den weiblichen und männlichen Seiten Deines Wesens. Bringe Geben und Nehmen ins Gleichgewicht, und setze Dich auf harmonische Weise durch.

Einen erlösten Umgang mit den Herausforderungen dieses Transits erkennst Du daran, daß Du
– Dich liebevoll Deiner Lust hingibst.
– auf sanfte Art Eroberungen machst.

– Dich harmonisch durchzusetzen weißt.

Einen unerlösten Umgang mit den Herausforderungen dieses Transits erkennst Du daran, daß Du
- Liebe mit Sex verwechselst.
- jeden küßt, der weiß, was er will.
- Dich in einen Bodybuilder verliebst.

Venus-Jupiter ***Lust und Genuß***

Lasse Deine Liebe wachsen, ohne gleich jeden Rahmen zu sprengen. Öffne Dich den lust- und genußvollen Seiten des Lebens, und labe Dich an der Fülle des Daseins. Entdecke das Glück, das durch die Liebe gedeiht. Erschließe Dir durch die Liebe die Fülle des Daseins.

Einen erlösten Umgang mit den Herausforderungen dieses Transits erkennst Du daran, daß Du
- das Leben in vollen Zügen genießt.
- liebevoll mit Deiner Großzügigkeit umgehst.
- Dich an Luxus erfreust.

Einen unerlösten Umgang mit den Herausforderungen dieses Transits erkennst Du daran, daß Du
- der Völlerei fröhnst.
- nur noch die edelsten Süßigkeiten zu Dir nimmst.
- Liebe als das einzige Glück auf Erden betrachtest.

Venus-Saturn ***Liebe und Respekt***

Gehe liebevoll mit Deinen und den Grenzen anderer um, ohne zum Gefangenen Deiner Liebe zu werden. Behandle Deine Ängste und Unzulänglichkeiten mit Liebe und Respekt. Erkenne, daß Verzicht auch angenehme Seiten hat.

Einen erlösten Umgang mit den Herausforderungen dieses Transits erkennst Du daran, daß Du
- liebevoll mit dem Ernst des Lebens umgehst.
- Dir auf sanfte Weise Respekt verschaffst.
- Dich an dem erfreust, was Dir sicher ist.

Einen unerlösten Umgang mit den Herausforderungen dieses Transits erkennst Du daran, daß Du
- Dich in einen Asketen verliebst.
- in Deinen Frust vernarrt bist.
- jeden küßt, der graue Haare hat.

Venus-Chiron ***Liebesschmerz***

Behandle Deine verletzlichen Seiten mit liebevoller Zuwendung. Lasse es zu, in Kontakt mit Deinen Wunden zu sein, und erkenne, wie schön es ist, andere dadurch zu trösten und zu heilen.

Einen erlösten Umgang mit den Herausforderungen dieses Transits erkennst Du daran, daß Du
- Deinen Schmerz annehmen kannst.
- liebevoll mit Deinen verletzlichen Seiten umgehst.
- Dich und andere mit Deiner Liebe heilst.

Einen unerlösten Umgang mit den Herausforderungen dieses Transits erkennst Du daran, daß Du
- Deine Schmerzen genießt.
- jeden gerne hast, der an Deine Verletzungen rührt.
- jedem die Wunden küßt.

Venus-Uranus ***Angenehme Abwechslung***

Bringe Deinen Wunsch nach Freiheit und Unabhängigkeit auf liebevolle Weise zum Ausdruck.

Sorge für eine angenehme und wohltuende Abwechslung in Deinem Leben. Begegne Deinen rebellischen Seiten mit Liebe und Anerkennung.

Einen erlösten Umgang mit den Herausforderungen dieses Transits erkennst Du daran, daß Du
- Dich an angenehmen Überraschungen erfreust.
- Deine Freiheiten genießt.
- auch Deine verrückten Seiten liebst.

Einen unerlösten Umgang mit den Herausforderungen dieses Transits erkennst Du daran, daß Du
- jeden liebst, der unberechenbar ist.

– Liebe mit Freiheit verwechselst.
– jeden Exzentriker umarmst, der Deinen Weg kreuzt.

Venus-Neptun ***Liebesromanze***

Gehe liebevoll mit Deiner Sehnsucht nach Verschmelzung um. Entdecke, wie die Liebe Deine romantischen Seiten zum Schwingen bringt. Genieße es, Dich Deinen Träumen hinzugeben, aber verliebe Dich nicht in Deine Illusionen.

Einen erlösten Umgang mit den Herausforderungen dieses Transits erkennst Du daran, daß Du
– Dich liebevoll Deiner Sehnsucht anvertraust.
– angenehme Träume hast.
– eine romantische Zeit mit geliebten Menschen verbringst.

Einen unerlösten Umgang mit den Herausforderungen dieses Transits erkennst Du daran, daß Du
– nur Menschen begegnest, die gerettet werden wollen.
– eine Fata Morgana nach der anderen küßt.
– jeden liebst, der trinkfester ist als Du.

Venus-Pluto ***Liebeswandel***

Lasse es zu, durch die Liebe mit Deinen tiefsten und verborgensten Seiten in Kontakt zu kommen und dadurch verwandelt zu werden. Gehe liebevoll mit den verdrängten und dunklen Seiten Deiner Persönlichkeit um, ohne jedem Mafioso eine Liebeserklärung zu machen.

Einen erlösten Umgang mit den Herausforderungen dieses Transits erkennst Du daran, daß Du
– liebevoll mit Machtkonflikten umgehst.
– Dich an Deiner Intensität und Leidenschaft erfreust.
– auch Deine Schattenseiten liebst.

Einen unerlösten Umgang mit den Herausforderungen dieses Transits erkennst Du daran, daß Du
– alles gutheißt, was gefährlich für Dich ist.
– Dich in Deine Ohnmacht verliebst.
– jeden gern hast, der mehr Macht hat als Du.

Mars-Transite

Allgemeine Hinweise

Aktiv werden

Vieles im Leben fällt uns nicht gerade in den Schoß, sondern wir müssen etwas dafür tun, unsere Ziele zu erreichen. Mars-Transite stellen eine gute Gelegenheit dar, aktiv zu werden und in Schwung zu kommen. Sie stimulieren unsere Tatkraft, damit wir unsere Ziele in Angriff nehmen können. Mars macht mobil, wir werden energetisiert und können kraftvoller als sonst handeln.

Kämpfen und erobern

Für Mars ist das Leben ein immerwährender Kampf und Wettstreit, dem wir uns mutig stellen sollen. Mars-Transite stellen daher eine Aufforderung dar, für unsere Ziele zu kämpfen und uns auf den Wettstreit mit anderen einzulassen. Mars will erobern, und dazu müssen wir kämpfen.

Sich selbst behaupten

Mars-Transite gehen meist mit Selbstbehauptungskonflikten einher. Hier zeigt sich auch die innere Verbindung zwischen Sonne und Mars: Wo das Selbst nur schwach ausgebildet ist (Sonne unerlöst), gibt es wenig zu behaupten (Mars). Anders ausgedrückt: Wer nicht weiß, wer er ist, der weiß auch nicht, was er tun soll. Mars-Transite werden daher von ausgeprägten Persönlichkeiten mit einem hohen Maß an Selbstbewußtsein (Sonne) stärker ausgedrückt als von Menschen, deren eigene Identität wenig ausgeprägt ist. In diesem Sinne zeigen Mars-Transite an, inwieweit wir zu uns selbst stehen können und wovor wir lieber kneifen.

Den inneren Krieger aktivieren

Aus psychologischer Sicht ist Mars auch ein innerer Krieger, der uns darin unterstützt, unsere Interessen zu verteidigen und uns vor Übergriffen anderer zu schützen. »Wer sich nicht wehrt, der lebt verkehrt« lautet die Devise von Mars.

Hier zeigt sich der innere Zusammenhang von Saturn und Mars: Wer seine Grenzen und die anderer nicht kennt (Saturn unerlöst), der kann sich auch nicht richtig verteidigen. Unter Mars-Transiten können wir unseren inneren Krieger entwickeln, der uns nach innen und nach außen schützt.

Mut und Entschlossenheit

Mars-Transite verlangen von uns Entschlossenheit beim Verfolgen unserer Ziele. Dazu müssen wir den nötigen Biß entwickeln und im wahrsten Sinne des Wortes anderen die Zähne zeigen. Wir brauchen Mut, zu unseren Zielen zu stehen und diese auch gegen die Interessen anderer durchzusetzen.

Aggressionen konfrontieren

Durch Mars-Transite werden wir auch mit unserer Wut und unseren Aggressionen konfrontiert. Richten wir unsere Aggressionen gegen uns selbst, handeln wir unter Mars-Transiten destruktiv, oder wir werden depressiv und fühlen uns wie gelähmt. Wir können die freigesetzte Wut jedoch auch nutzen, um unsere Kraft zu stärken und uns von alten Blockaden zu befreien.

Muskelspiel

Mars hat einen starken Bezug zu unserem Körper, insbesondere zu den Muskeln und zum Blutkreislauf. Wenn wir unter Mars-Transiten verstärkt körperlich aktiv werden, z.B. durch Sport, dann müssen wir nicht bei jeder unpassenden Gelegenheit unser Blut in Wallung bringen und Rot sehen. Andererseits stellen Mars-Transite keine Aufforderung dar, Bodybuilding zu betreiben und nur noch als Muskelpaket durch die Welt zu laufen.

Mars-Zyklen

Mars braucht 18–22 Monate, um einmal durch den Tierkreis zu wandern. Er hält sich durchschnittlich knapp 2 Monate in einem Tierkreiszeichen auf. Mars-Transite durch die Häuser dauern je nach Hausgröße ca. 1–4 Monate, bei rückläufigen Phasen auch 3 Monate länger. Mars-Transite zu den Radixplaneten sind je nach innerer Durchsetzungs- und Selbstbehauptungsfähigkeit nur einige Stunden oder sogar 2–3 Wochen lang zu spüren, bei rückläufigen Phasen auch bis zu 3 Monaten lang.

Mars wird etwa alle 26 Monate für ca. 60–80 Tage rückläufig. Er ist somit der einzige Planet, der etwas mehr als 2 Jahre lang nicht rückläufig wird. Der Beginn seiner Rückläufigkeit kennzeichnet daher eine Phase, in der wir uns oft wie gelähmt fühlen, da wir es gewohnt sind, unsere Kraft über lange Zeit direkt und ungebrochen einzusetzen. Seine rückläufige Phase stellt eine Pause dar, in der wir unser Handeln reflektieren und unsere Ziele neu überdenken können.

Was bei Mars-Transiten zu tun ist

Was die eigene Entwicklung unterstützt:
- aktiv werden,
- für das Erreichen eigener Ziele kämpfen,
- mutig und entschlossen handeln,
- innere Kraft und Stärke ausdrücken,
- eigene Interessen verteidigen,
- sich Konflikten stellen.

Was die eigene Entwicklung hemmt:
- Angst, sich selbst zu behaupten,
- konfliktscheues Verhalten,
- unterdrückte Wut und Aggression,
- mangelnder Mut, sich dem Wettstreit mit anderen zu stellen,
- keine klaren Ziele vor Augen haben,
- seine Kräfte falsch einsetzen.

Mars-Transite durch die Häuser

Mars im 1. Haus ***Forsches Auftreten***

Wer Dich jetzt übersieht, der sollte Ärger mit Dir kriegen. Sorge für ein forsches und dynamisches Auftreten, und setze Dich kämpferisch in Szene. Hab den Mut, Deine Ellbogen einzusetzen und anzuecken. Sei ein Anstoß für andere. Kleide Dich so, daß Deine Kraft und Stärke betont werden – Du darfst jetzt ruhig etwas verwegener und wilder aussehen als sonst.

Einen erlösten Umgang mit den Herausforderungen dieses Transits erkennst Du daran, daß Du
- kraftvoll und stark auftrittst.
- Dich notwendigen Auseinandersetzungen um Dein Auftreten stellst.
- von niemandem übergangen wirst.

Einen unerlösten Umgang mit den Herausforderungen dieses Transits erkennst Du daran, daß Du
- mit Deinem forschen Auftreten alles über den Haufen rennst.
- wie ein wildgewordener Krieger durch die Gegend läufst.
- nur noch streitlustig bist.

Mars im 2. Haus ***Revierkämpfe***

Jetzt wird es Zeit, etwas für Deinen Kontostand zu tun. Laß Dich durch Geld energetisieren, und setze es dazu ein, Deine Ziele zu erreichen. Setze Dich für Deine Talente und Deinen Selbstwert ein, statt um Deinen Besitz zu kämpfen. Verteidige Dein Revier, und lasse nicht zu, daß jeder auf Deinem heiligen Rasen herumtrampelt. Erobere Dir den Raum, den Du für Dich zum Leben brauchst.

Einen erlösten Umgang mit den Herausforderungen dieses Transits erkennst Du daran, daß Du
- Deinen Besitz verteidigst.
- Dich für eine gute Bezahlung einsetzt.
- um Deine Werte kämpfst.

Einen unerlösten Umgang mit den Herausforderungen dieses Transits erkennst Du daran, daß Du
- um jeden Pfennig feilschst.
- bei jedem Kontoauszug einen Wutanfall kriegst.
- verbissen um Deinen Selbstwert kämpfst.

Mars im 3. Haus ***Kampfansage***

Werde aktiv, um möglichst viel von dem mitzukriegen, was um Dich herum passiert. Teile Dich den Menschen, mit denen Du täglich zu tun hast, unmißverständlich mit. Haue Deinen Nachbarn jedoch nicht gleich auf die Nase, wenn sie anderer Meinung sind als Du. Gehe viel aus, und stürze Dich in Aktivitäten, bei denen Du Deine Kraft ausleben kannst.

Einen erlösten Umgang mit den Herausforderungen dieses Transits erkennst Du daran, daß Du
- Dich Deiner Umgebung mit Nachdruck mitteilst.
- aktiv die Welt um Dich herum erkundest.
- viel unternimmst, um auf dem Laufenden zu bleiben.

Einen unerlösten Umgang mit den Herausforderungen dieses Transits erkennst Du daran, daß Du
- nur noch Ärger mit Deinen Nachbarn hast.
- Dich ständig mit Deinen Geschwistern und Verwandten streitest.
- nur noch für Kaffekränzchen aktiv wirst.

Mars im 4. Haus ***Familienstreit***

Jetzt wird es Zeit, zu Hause aktiv zu werden. Tobe Dich in Deinen vier Wänden aus, ohne gleich alles Porzellan zu zerschlagen. Zeige Deiner Familie, wo es lang geht. Nutze die Kraft Deines Verwurzeltseins, um Deinen Weg zu gehen, aber lasse Dich von Deinen unbewußten Verhaltensmustern nicht zu Aggressionen gegen Deine Familie verleiten.

Einen erlösten Umgang mit den Herausforderungen dieses Transits erkennst Du daran, daß Du
- zu Hause Kraft schöpfst.
- Dich für Deine Familie einsetzt.

– in Deinen vier Wänden aktiv wirst.

Einen unerlösten Umgang mit den Herausforderungen dieses Transits erkennst Du daran, daß Du
– zuhause den Tyrannen spielst.
– Dich beim geringsten Anlaß mit Deinem Vermieter anlegst.
– Deine Wut an Deinen Möbeln ausläßt.

Mars im 5. Haus ***Kämpferischer Selbstausdruck***

Setze Deine Kräfte dafür ein, Dich kreativ und schöpferisch auszudrücken. Wenn Du jetzt Streit mit Deinen Kindern kriegst, dann wird es Zeit, selbst mal wieder auf einen Spielplatz zu gehen. Stelle Dich auf spielerische Weise dem Wettstreit mit anderen, aber mache aus Deinem Sexualleben keine Leistungssportart. Du kannst jetzt viel Spaß haben, aber nur, wenn Du dabei auch kräftig ins Schwitzen kommst.

Einen erlösten Umgang mit den Herausforderungen dieses Transits erkennst Du daran, daß Du
– Deine kreativen Seiten aktivierst.
– Dich mit Deinen Kindern auseinandersetzt.
– Dich voller Energie schöpferisch ausdrückst.

Einen unerlösten Umgang mit den Herausforderungen dieses Transits erkennst Du daran, daß Du
– Dich nur noch mit Deinen Kindern streitest.
– Dich sexuell total verausgabst.
– Deine Wutanfälle für schöpferische Gesamtkunstwerke hältst.

Mars im 6. Haus ***Arbeitswut***

Werde aktiv, um Deinen Lebensalltag in Ordnung zu bringen. Kämpfe für bessere Arbeitsbedingungen, und stelle Dich dem Wettstreit mit Arbeitskollegen. Nutze Deine Arbeitswut, um Deinen Schreibtisch freizuschaufeln. Tu was für Deine Gesundheit, statt durch Deine verdrängte Wut krank zu werden.

Einen erlösten Umgang mit den Herausforderungen dieses Transits erkennst Du daran, daß Du
– kraftvoll und effektiv arbeitest.

– Dich in Deinem Alltag behauptest.
– für Deine Gesundheit aktiv wirst.

Einen unerlösten Umgang mit den Herausforderungen dieses Transits erkennst Du daran, daß Du
– vor lauter Arbeitswut innerlich zu kochen anfängst.
– ständig Streit mit Deinen Arbeitskollegen hast.
– bei jedem Abwasch Scherben produzierst.

Mars im 7. Haus ***Starke Gegner***

Jetzt brauchst Du keinen Streit zu suchen, er kommt meist von alleine. Kämpfe jedoch nur mit Gegnern, die Dich weiterbringen, statt Dich in die Knie zu zwingen. Es ist jetzt besser, Du läßt andere für Deine Ziele kämpfen und nutzt deren Wut, um Deine Interessen durchzusetzen. Mache Dir klar, inwieweit Deine eigenen Muskeln die Faust Deiner Gegner ballen, sonst kriegst Du Deine Projektionen um die Ohren gehauen.

Einen erlösten Umgang mit den Herausforderungen dieses Transits erkennst Du daran, daß Du
– Dich auch ohne Deine Partner stark fühlst.
– durch Auseinandersetzungen mit anderen Kraft bekommst.
– nur Faustschläge einsteckst, die Du selbst ausgeteilt hast.

Einen unerlösten Umgang mit den Herausforderungen dieses Transits erkennst Du daran, daß Du
– mit jedem Partner Streit kriegst.
– andere auf Dich wütend machst.
– die Stärke anderer für Deine eigene hältst.

Mars im 8. Haus ***Meins oder Deins***

Jetzt sind Auseinandersetzungen um gemeinsamen Besitz angesagt. Laß Dir nicht von anderen die Butter vom Brot nehmen. Nutze stattdessen Deine Kraft, um Tabus zu brechen und die Tiefen Deiner Sexualität auszuloten. Jede Bettdecke, unter die Du jetzt gemeinsam mit einem Partner kriechst, solltest Du nur verwandelt wieder verlassen. Streite Dich nicht mit Deinen Kreditgebern, sondern kämpfe um mehr Gemeinsamkeiten mit Deinen Partnern.

Einen erlösten Umgang mit den Herausforderungen dieses Transits erkennst Du daran, daß Du
- Dich aktiv mit Deinen Tabus auseinandersetzt.
- dafür kämpfst, Dich zu wandeln.
- gemeinsame Besitztümer verteidigst.

Einen unerlösten Umgang mit den Herausforderungen dieses Transits erkennst Du daran, daß Du
- Dich vorbehaltlos in jede Krise stürzt.
- sexbesessen wirst.
- um alles streitest, was nicht Dir gehört.

Mars im 9. Haus ***Glaubenskrieg***

Was Du jetzt tust, sollte über Deinen bisherigen Horizont hinausweisen. Setze Dich für Deine persönlichen Überzeugungen ein, und kämpfe für alles, woran Du glaubst, ohne gleich zu einer öffentlichen Demonstration für Deine Überzeugungen aufzurufen. Mache Dich für Deine Weiterbildung stark, und kämpfe um höhere Werte.

Einen erlösten Umgang mit den Herausforderungen dieses Transits erkennst Du daran, daß Du
- Dich für Deine Überzeugungen einsetzt.
- Deine Kraft nutzt, um Deinen Horizont zu erweitern.
- Dich aktiv um Deine Bildung kümmerst.

Einen unerlösten Umgang mit den Herausforderungen dieses Transits erkennst Du daran, daß Du
- wie ein Kreuzritter um Deinen Glauben kämpfst.
- mit jedem Streit kriegst, der anderer Meinung ist als Du.
- Dich nur im Ausland stark fühlst.

Mars im 10. Haus ***Öffentlicher Ehrgeiz***

Jetzt wird es Zeit, etwas für Deine Berufung zu tun. Zeige der Öffentlichkeit Deinen Ehrgeiz und behaupte Deine soziale Stellung. Setze Dich für Deinen Status ein, ohne Untergebene zu unterdrücken. Sorge dafür, daß Deine Leistungen öffentlich anerkannt werden, wenn sie es wirklich verdienen.

Einen erlösten Umgang mit den Herausforderungen dieses Transits erkennst Du daran, daß Du
- Dich für Deinen gesellschaftlichen Status einsetzt.
- in öffentlichen Belangen aktiv wirst.
- für Deine Berufung kämpfst.

Einen unerlösten Umgang mit den Herausforderungen dieses Transits erkennst Du daran, daß Du
- Dich mit jeder Autoritätsperson anlegst.
- Deine Untergebenen mißhandelst.
- um Anerkennung kämpfst, die Du nicht verdient hast.

Mars im 11. Haus ***Teameinsatz***

Deine Freunde können Dir eine Menge Ärger bereiten, wenn Du ihnen jetzt nicht sagst, wo's für Dich lang geht. Tu alles, um Dich unter Gleichgesinnten durchzusetzen und Dich in Teams zu behaupten. Versuche Deine Ziele gemeinsam mit anderen zu erreichen, auch wenn Du stärker bist als sie.

Einen erlösten Umgang mit den Herausforderungen dieses Transits erkennst Du daran, daß Du
- gemeinsam mit anderen für Deine Ziele kämpfst.
- durch Teamarbeit ein Stück vorankommst.
- Dich auch für Deine Freunde einsetzt.

Einen unerlösten Umgang mit den Herausforderungen dieses Transits erkennst Du daran, daß Du
- Deine Freunde gegen Dich aufbringst.
- auf Vereinssitzungen cholerische Anfälle bekommst.
- mit Deinen Aggressionen jedes Team sprengst.

Mars im 12. Haus ***Kampf im Verborgenen***

Du erreichst Deine Ziele jetzt besser, wenn Du nicht groß in Erscheinung trittst. Laß Deine Muskeln im Verborgenen spielen, und halte hinter den Kulissen die Fäden in der Hand, ohne über Deine unbewußten Begierden zu stolpern. Deine verdrängten Aggressionen sind jetzt Dein größter Feind.

Einen erlösten Umgang mit den Herausforderungen dieses Transits erkennst Du daran, daß Du
- Dich zurückziehst, um Kraft zu schöpfen.
- Dich aktiv mit Deinen verdrängten Seiten auseinandersetzt.
- etwas tust, das anderen hilft, die schwächer sind als Du.

Einen unerlösten Umgang mit den Herausforderungen dieses Transits erkennst Du daran, daß Du
- nur noch im Verborgenen kämpfst.
- Dich mit Deinen verdrängten Aggressionen selbst boykottierst.
- nur dann wütend bist, wenn es keiner sieht.

♂

Mars-Transite zu den Planeten

Mars-Sonne ***Egokonflikte***

Jetzt kannst Du Dich für Deine Persönlichkeit stark machen und Dein inneres Wesen voll zur Geltung bringen. Kämpfe nur für Dich und setze Dich selbstbewußt durch. Handle im Einklang mit Deinen Zielen.

Einen erlösten Umgang mit den Herausforderungen dieses Transits erkennst Du daran, daß Du
- auch willst, was Du tust.
- für Deine inneren Werte kämpfst.
- Deine Persönlichkeit kraftvoll zur Geltung bringst.

Einen unerlösten Umgang mit den Herausforderungen dieses Transits erkennst Du daran, daß Du
- mit Deinem Ego überall Ärger kriegst.
- Dich rücksichtslos durchsetzt.
- Dein Selbstbewußtsein als Waffe einsetzt.

Mars-Mond ***Streitbare Gefühle***

Jetzt wird es Zeit, Deine Gefühle rauszulassen, auch wenn dabei Rauchwolken aufsteigen. Momentan sind starke Gefühle gefragt, die bei Dir und anderen etwas bewegen. Rege Dich nicht zu sehr über Deine Mutter auf, sondern sorge selbst dafür, daß Du kriegst, was Dich nährt. Engagiere Dich für alles, was Dir unter die Haut geht, aber setze Deine Tränen nicht als Waffe ein, sonst wirst Du statt Trost nur Ärger bekommen.

Einen erlösten Umgang mit den Herausforderungen dieses Transits erkennst Du daran, daß Du
– starke Gefühle zeigst.
– aktiv wirst, um in Stimmung zu kommen.
– Deine Emotionen direkt und klar ausdrückst.

Einen unerlösten Umgang mit den Herausforderungen dieses Transits erkennst Du daran, daß Du
– jeden in die Waden beißt, der Dir zu nahe kommt.
– Deine Launen mit Gefühlen verwechselst.
– ständig mit Deinen Gefühlen kämpfst.

Mars-Merkur ***Spitze Zunge***
Wer Dich jetzt überhört, der sollte Deine spitze Zunge zu spüren kriegen. Drücke Dich scharf und eindeutig aus. Führe Streitgespräche, und setze Dich für Deine Interessen ein. Sei mutig und sage, was Du denkst. Trainiere Deinen Verstand, und bringe Deine Gedanken auf Hochtrab.

Einen erlösten Umgang mit den Herausforderungen dieses Transits erkennst Du daran, daß Du
– dafür kämpfst, Dir Gehör zu verschaffen.
– mit Nachdruck sagst, was Sache ist.
– Dein Wahrnehmungsvermögen aktivierst.

Einen unerlösten Umgang mit den Herausforderungen dieses Transits erkennst Du daran, daß Du
– jedem übers Maul fährst.
– überall freche Bemerkungen machst.
– um jedes Wort kämpfst.

Mars-Venus ***Liebesspiele***
Jetzt gilt es, für die Liebe aktiv zu werden, ohne gleich jeden und jede über die Bettkante zu ziehen. Nutze Deine sexuelle Anziehung, um Kraft zu schöpfen. Tanke Dich erotisch auf, ohne Dich total zu verausgaben. Vergiß alles, was Sigmund Freud je über

Sublimation geschrieben hat – es hat im Moment keinerlei Gültigkeit für Dich.

Einen erlösten Umgang mit den Herausforderungen dieses Transits erkennst Du daran, daß Du
- Deine erotische Kraft spürst und auch auslebst.
- Dein Liebesleben auf Vordermann bringst.
- Dich für Schönheit und Harmonie stark machst.

Einen unerlösten Umgang mit den Herausforderungen dieses Transits erkennst Du daran, daß Du
- Deine Lust mit endlosen Waldläufen vergeudest.
- darum kampfst, geliebt zu werden.
- einen erotischen Kurzschluß erleidest.

Mars-Mars ***Volle Kraft voraus***

Jetzt kannst Du besonders kraftvoll zuschlagen. Hol Dir, was Du brauchst, ohne lange zu zögern. Nutze Deine Kraft und Stärke, um Dich durchzusetzen. Egal, was es zu tun gibt, packe es an. Nichts kann Dich jetzt aufhalten. Handle entschlossen und direkt. Laß Deine Muskeln spielen und zeige anderen, wie stark Du bist.

Einen erlösten Umgang mit den Herausforderungen dieses Transits erkennst Du daran, daß Du
- kriegst, was Du willst.
- Deine wahre Stärke zeigst.
- gut in Form bist.

Einen unerlösten Umgang mit den Herausforderungen dieses Transits erkennst Du daran, daß Du
- nichts mit Deiner überschüssigen Energie anzufangen weißt.
- zuviel auf einmal anpackst.
- Deine Wut nicht mehr bremsen kannst.

Mars-Jupiter ***Hinaus in die Weite***

Kämpfe um Dein inneres Wachstum, und stehe zu Deinen Überzeugungen. Gönn Dir ruhig ein paar Übertreibungen, Du kannst jetzt viel mehr erreichen als sonst. Tu etwas, um Deine Zuversicht zu stärken, und setze Dich für Deine optimistischen Seiten ein.

Einen erlösten Umgang mit den Herausforderungen dieses Transits erkennst Du daran, daß Du
– voller Kraft und Optimismus steckst.
– Dich für große Ziele einsetzt.
– mit Zuversicht mehr erreichst als sonst.

Einen unerlösten Umgang mit den Herausforderungen dieses Transits erkennst Du daran, daß Du
– Dich hoffnungslos übernimmst.
– krampfhaft andere zu überzeugen versuchst.
– ständig Dein Glück herausforderst.

Mars-Saturn ***Kraft durch Widerstand***

Schöpfe Kraft durch Widerstand, ohne gleich Dein Schwert in einen Felsblock zu rammen. Kämpfe für Deine Grenzen und verteidige, was Dir Sicherheit und Schutz bietet. Jetzt kannst Du Hürden nehmen, die Du selbst errichtet hast. Stelle Dich mutig Deinen Ängsten und Begrenzungen. Räume aus dem Weg, was Dich behindert.

Einen erlösten Umgang mit den Herausforderungen dieses Transits erkennst Du daran, daß Du
– Deine Grenzen verteidigst.
– Deine inneren Widerstände bekämpfst.
– Dich für das engagierst, was in Deiner Verantwortung liegt.

Einen unerlösten Umgang mit den Herausforderungen dieses Transits erkennst Du daran, daß Du
– mit dem Kopf durch die Wand willst.
– an jeder Grenze einen Wutanfall kriegst.
– Dich von jedem Hindernis anstacheln läßt.

Mars-Chiron ***Kraft durch Schmerz***

Lege den Finger auf Deine Wunden, damit Du weißt, was Dir weh tut. Zeige Deinen Schmerz, er ist heilsam für andere. Tu was, um selbst heil zu werden.

Einen erlösten Umgang mit den Herausforderungen dieses Transits erkennst Du daran, daß Du

– Deine wunden Punkte in Angriff nimmst.
– den Mut hast, zu Deinen Verletzungen zu stehen.
– etwas unternimmst, das heilsam ist.

Einen unerlösten Umgang mit den Herausforderungen dieses Transits erkennst Du daran, daß Du
– Dich mit Deiner Wut selbst verletzt.
– alte Wunden aufreißt.
– rasende Schmerzen hast.

Mars-Uranus ***Befreiungsschlag***
Setze Dich aktiv für Deine Freiheit und Unabhängigkeit ein. Nutze die Gunst der Stunde für einen Befreiungsschlag. Zeige Deine rebellische Seite, und kämpfe gegen die Anpassung an die Norm. Tu etwas, was Dich selbst überrascht, vermeide jedoch Übersprungshandlungen.

Einen erlösten Umgang mit den Herausforderungen dieses Transits erkennst Du daran, daß Du
– Dir mehr Freiraum verschaffst.
– Deine Energie für ungewöhnliche Dinge einsetzt.
– Deine Autonomie verteidigst.

Einen unerlösten Umgang mit den Herausforderungen dieses Transits erkennst Du daran, daß Du
– innere Spannungszustände über Unfälle auslebst.
– krampfhaft aus dem Rahmen fallen willst.
– nur noch Trotzreaktionen zeigst.

Mars-Neptun ***Starke Sehnsucht***
Jetzt wird es Zeit, Dich für die Verwirklichung Deiner Sehnsüchte einzusetzen. Bekämpfe, was Dich süchtig macht, und vergeude Deine Kräfte nicht damit, den Retter zu spielen. Du kannst jetzt Deine Träume in die Tat umsetzen, aber paß auf, daß Du nicht zum Traumtäter wirst. Tu etwas, was Dich erlöst.

Einen erlösten Umgang mit den Herausforderungen dieses Transits erkennst Du daran, daß Du
– für Deine Sehnsüchte aktiv wirst.

– mutig gegen Dein Suchtverhalten vorgehst.
– Deine Träume anpackst.

Einen unerlösten Umgang mit den Herausforderungen dieses Transits erkennst Du daran, daß Du
– Dinge tust, die Dich verwirren.
– mit anderen um die Wette trinkst.
– andere rettest, um Dir selbst zu helfen.

Mars-Pluto ***Machtkämpfe***

Kämpfe für Deine Macht und Deinen Einfluß, ohne der Mafia in die Hände zu fallen. Unternimm etwas, um zu den tiefen und verborgenen Schichten Deines Wesens vorzustoßen. Jetzt kannst Du Deine Kraft in die Tiefe lenken und verborgene Schätze heben. Stelle Dich Deinen Schattenseiten, ohne Dich ihnen auszuliefern. Kämpfe um das, was in Deiner Macht steht.

Einen erlösten Umgang mit den Herausforderungen dieses Transits erkennst Du daran, daß Du
– Dich mutig den Machtfragen in Deinem Leben stellst.
– etwas tust, um Deinen Einfluß zu vergrößern.
– Dinge tust, die in Deiner Macht liegen.

Einen unerlösten Umgang mit den Herausforderungen dieses Transits erkennst Du daran, daß Du
– alles tust, um Dich in Gefahr zu bringen.
– hinterhältig Deine Macht ausübst.
– Deine Kraft dafür einsetzt, Dir und anderen zu schaden.

Jupiter-Transite

Allgemeine Hinweise

Anleitung zum Glücklichsein
Es kommt tatsächlich vor, daß das Glück direkt vor unseren Füßen liegt und wir achtlos daran vorübergehen. Damit uns dies nicht allzu häufig passiert, haben wir Jupiter-Transite, die uns darin unterstützen, innerlich weit und offen zu werden. Das Glück hat nur eine Chance, wenn wir es auch willkommen heißen. In diesem Sinne sind Jupiter-Transite eine Anleitung zum Glücklichsein.

Möglichkeiten ausschöpfen
Wenn wir unsere Möglichkeiten ausschöpfen, können wir mehr aus unserem Leben machen. Jupiter-Transite bringen uns in Kontakt mit unseren ungenutzten Potentialen und fordern uns dazu auf, Chancen zu nutzen, die wir bislang übersehen oder ausgelassen haben. In uns steckt mehr, als wir glauben, und Jupiter-Transite sind dazu da, uns genau daran zu erinnern. Sie zeigen uns, was wir alles besser machen könnten, indem wir ausdrücken, was in uns steckt.

Vertrauen haben
Unter Jupiter-Transiten sehen wir die Welt mit guten Augen. Auf diese Weise können wir mehr Vertrauen in uns selbst und das, was das Leben für uns bereithält, entwickeln. Ohne ein gewisses Selbstvertrauen kommen wir im Leben nur schwerlich weiter. Jupiter-Transite lehren uns, daß wir uns das Leben auch leichter und einfacher machen können. Nicht jeder Fortschritt muß zwangsläufig mit einer Krise einhergehen oder schwer erkämpft werden. Manchmal können wir zwei Schritte auf einmal tun, weil wir im richtigen Moment an der richtige Stelle unsere Hand

aufhalten und deshalb reich beschenkt werden. Wenn uns dies bei Jupiter-Transiten nicht gelingt, wann dann?

Des Guten zuviel

Wir leben in einer Kultur, die jede Form von Wachstum verherrlicht und jedes Mehr automatisch für besser hält. Dieser Wachstumsphilosophie können wir uns nur schwer entziehen. Deshalb haben wir unter Jupiter-Transiten oft die allerhöchsten Erwartungen und versprechen uns soviel von den sich bietenden Möglichkeiten, daß es schnell des Guten zuviel ist. Doch nicht immer ist ein Schritt nach vorne zugleich ein Fortschritt, insbesondere dann, wenn wir bereits am Abgrund stehen. Unter Jupiter-Transiten müssen wir uns gut überlegen, wieviel Fortschritt wir wirklich verkraften können. Wir fallen sonst nur auf uns selbst zurück, und das kann eine harte Landung sein.

Exzesse und Größenwahn

Ohne eine gewisse Selbstdisziplin und eine innere Bereitschaft, auch Grenzen zu akzeptieren und uns zu beschränken (Saturn), können wir die Fülle, die uns unter Jupiter-Transiten begegnet, kaum nutzen. Wir übernehmen uns oder wollen zuviel auf einmal. Die Übertreibungen und Exzesse, die wir unter Jupiter-Transiten vornehmen, sind daher Ausdruck einer nur schwach ausgebildeten Saturnfunktion. Wenn wir unsere Grenzen nicht kennen, können wir unter Jupiter-Transiten in einem Anfall von Größenwahn zwar hoch hinauskommen, aber nur, um anschließend sehr tief zu fallen.

Sinnfindung

Je mehr wir im Leben erreicht haben, um so drängender werden die Fragen nach dem wirklichen Sinn unseres Daseins. Jeder weltliche Erfolg, den wir unter einem Jupiter-Transit verbuchen, verlangt zugleich nach einer sinnvollen Antwort auf das, woran wir eigentlich glauben. Vielleicht ist dies der tiefere Grund dafür, daß wir unter Jupiter-Transiten auch bereit sind, andere zu unterstützen, sie gerecht zu behandeln und die eigene Fülle mit ihnen zu teilen.

Jupiter-Zyklen

Jupiter braucht insgesamt etwa 12 Jahre, um einmal durch den Tierkreis zu wandern. Er hält sich durchschnittlich 1 Jahr in einem Tierkreiszeichen auf. Jupiter-Transite durch die Häuser dauern je nach Hausgröße 6–18 Monate. Jupiter-Transite zu den Radixplaneten sind je nach innerer Wachstums- und Entwicklungsbereitschaft nur einige Tage oder sogar 6–8 Wochen lang zu spüren, bei rückläufigen Phasen auch bis zu 5 Monaten lang.

Jupiter wird etwa alle 13 Monate für ca. 4 Monate rückläufig. Sein Rückläufigkeitszyklus setzt jedes Jahr ca. 5 Wochen später ein als im Jahr zuvor. Seine rückläufige Phase stellt eine Gelegenheit dar, unsere inneren und äußeren Wachstumsprozesse zu reflektieren und das, woran wir glauben und was uns Zuversicht vermittelt, neu zu überdenken.

Was bei Jupiter-Transiten zu tun ist

Was die eigene Entwicklung unterstützt:
- Vertrauen und Optimismus,
- großzügiges Verhalten,
- sich neue Möglichkeiten und Horizonte erschließen,
- innere und äußere Wachstumsbereitschaft,
- Selbstvertrauen und hohe Ideale,
- Offenheit für die Fülle des Daseins.

Was die eigene Entwicklung hemmt:
- jede Form von Übertreibung,
- unrealistische Erwartungen,
- die absolute Gewißheit, die Weisheit gepachtet zu haben (Rechthaberei),
- übersteigerter Missionierungsdrang,
- Selbstgefälligkeit und überhebliches Verhalten,
- überzogene Glückserwartungen.

Jupiter-Transite durch die Häuser

Jupiter im 1. Haus ***Überzeugendes Auftreten***

Jetzt hast Du ein Jahr lang Gelegenheit, Dich mehr zur Geltung zu bringen. Werfe Dein ganzes Gewicht in die Waagschale, um überzeugend aufzutreten, aber werde nicht übergewichtig dabei. Je selbstsicherer Du Dich zeigst, um so weniger können Dir Süßigkeiten etwas anhaben. Versuche, Deine Ideale zu verkörpern, ohne dabei aus allen Nähten zu platzen.

Einen erlösten Umgang mit den Herausforderungen dieses Transits erkennst Du daran, daß Du
- nicht mehr zu übersehen bist, wenn Du irgendwo auftauchst.
- überzeugend und selbstsicher auftrittst.
- eine optimistische Ausstrahlung hast.

Einen unerlösten Umgang mit den Herausforderungen dieses Transits erkennst Du daran, daß Du
- wegen Deiner körperlichen Fülle nicht mehr in Deine Kleider paßt.
- überheblich und selbstgerecht auftrittst.
- nicht von Deiner äußeren Erscheinung überzeugt bist.

Jupiter im 2. Haus ***Besitzmehrung***

Nutze dieses Jahr, um Dir selbst mehr wert zu sein. Steigere Dein Selbstwertgefühl, ohne dabei Dein Bankkonto zu überziehen. Finde Deinen Platz in der Welt, und nimm Dir, was Dir zusteht. Mehre Deine Besitzstände, aber verspreche Dir nicht zuviel von dem, was Du in der Tasche hast. Mache Dein Glück nicht von Deinem Kontostand abhängig, sondern kümmere Dich um solche Werte, die Deine Zuversicht stärken.

Einen erlösten Umgang mit den Herausforderungen dieses Transits erkennst Du daran, daß Du
- von Deinem Wert überzeugt bist.
- Deine Talente optimal zu nutzen weißt.
- in Geldangelegenheiten eine glückliche Hand hast.

Einen unerlösten Umgang mit den Herausforderungen dieses Transits erkennst Du daran, daß Du
- trotz leerem Bankkonto ständig aus dem Vollen schöpfst.
- Dir Statussymbole kaufst, weil Du Dir selbst nichts wert bist.
- einen hohen Preis zahlst, um den Raum einzunehmen, der Dir zusteht.

Jupiter im 3. Haus ***Kontaktfülle***
Nutze in diesem Jahr die Fülle an Kontakten zu den Menschen, mit denen Du täglich zu tun hast, um persönlich voranzukommen. Je besser Du über das, was um Dich herum passiert, informiert bist, um so erfolgreicher wirst Du Deine Kontaktmöglichkeiten ausschöpfen können. Rede jedoch nicht selbstgefällig daher, um Deine Wissenslücken zu überspielen.

Einen erlösten Umgang mit den Herausforderungen dieses Transits erkennst Du daran, daß Du
- viel Neues lernst und in Erfahrung bringst.
- Deine täglichen Kontakte zu nutzen weißt.
- Dich anderen gegenüber zuversichtlich ausdrückst.

4

Einen unerlösten Umgang mit den Herausforderungen dieses Transits erkennst Du daran, daß Du
- überall mitreden möchtest, auch wenn Du nicht von allem etwas verstehst.
- Dir von Deiner unmittelbaren Umgebung nur das Beste erhoffst.
- zu faul bist, durch Deine täglichen Kontakte dazuzulernen.

Jupiter im 4. Haus ***My home is my castle***
Nutze dieses Jahr, um aus Deinem Zuhause ein Schloß zu machen, in dem Du Dich wohlfühlst. Versuche Dich jedoch seelisch so zu beheimaten, daß Du dafür nicht gleich einen ganzen Häuserblock in Anspruch nehmen mußt. Du kannst jetzt aus dem Kreis Deiner Familie viel Unterstützung erfahren, wenn Du auch selbst zu geben bereit bist.

Einen erlösten Umgang mit den Herausforderungen dieses Transits erkennst Du daran, daß Du

- Dir zu Hause den Platz und Luxus verschaffst, der Dir zusteht.
- Dein Verhältnis zu Deiner Familie verbesserst.
- Dich seelisch besser verwurzelt und beheimatet fühlst.

Einen unerlösten Umgang mit den Herausforderungen dieses Transits erkennst Du daran, daß Du
- in eine Wohnung ziehst, die Du Dir nicht leisten kannst.
- Dich zu Hause als König fühlst und Deine Familie wie Untergebene behandelst.
- jedem erzählst, wieviel blaues Blut Du angeblich in den Adern hast.

Jupiter im 5. Haus ***Spielerischer Erfolg***

Du kannst in diesem Jahr viel erreichen, wenn Du Deinen schöpferischen Fähigkeiten vertraust und Dich kreativ zur Geltung bringst. Nutze Deine Talente, Dich selbst darzustellen, ohne ein Schauspiel nach dem anderen zu veranstalten.

Einen erlösten Umgang mit den Herausforderungen dieses Transits erkennst Du daran, daß Du
- mit Deinen kreativen Fähigkeiten glücklich wirst.
- Deine künstlerischen Talente auszuschöpfen weißt.
- auf spielerische Weise Erfolg hast.

Einen unerlösten Umgang mit den Herausforderungen dieses Transits erkennst Du daran, daß Du
- Deine Erfolge verspielst.
- zu faul dazu bist, Dich schöpferisch auszudrücken.
- Dein schöpferisches Potential nur noch an Liebesspiele verschwendest.

Jupiter im 6. Haus ***Entspannter Alltag***

Dieses Jahr kannst Du in Deinem Alltag aus dem Vollen schöpfen. Genieße Deine Arbeit, und lasse Dich bei deren Bewältigung unterstützen. Schaffe Dir möglichst optimale Bedingungen für die Bewältigung Deines Alltags und Deiner täglichen Verpflichtungen. Sorge dafür, auf entspannte Weise fleißig zu sein, aber arbeite nicht ausschließlich zu Deinem Vergnügen.

Einen erlösten Umgang mit den Herausforderungen dieses Transits erkennst Du daran, daß Du
- mit Deinem Alltagsleben glücklich und zufrieden bist.
- bei Deiner Arbeit das Beste aus Dir herausholst, ohne Streß zu kriegen.
- alles tust, was zur Verbesserung Deiner Gesundheit beiträgt.

Einen unerlösten Umgang mit den Herausforderungen dieses Transits erkennst Du daran, daß Du
- nur noch auf der faulen Haut liegst und andere für Dich arbeiten läßt.
- Dir zu schade dafür bist, Deinen Alltagspflichten nachzukommen.
- Deiner Gesundheit durch Exzesse schadest.

Jupiter im 7. Haus ***Glückliche Begegnungen***

4

Wenn Du in diesem Jahr keine glücklichen Begegnungen hast, wann dann? Du kannst jetzt von Deinen Partnern viel Unterstützung erfahren, solange Du auch selbst großzügig und tolerant bist. Vertraue darauf, daß andere Dir jetzt wohlgesonnen sind, aber erwarte nicht ständig das Beste von ihnen.

Einen erlösten Umgang mit den Herausforderungen dieses Transits erkennst Du daran, daß Du
- Dich von anderen beschenkt und beglückt fühlst.
- aus Deinen Beziehungen das Beste machst.
- durch andere Deiner eigenen Fülle begegnest.

Einen unerlösten Umgang mit den Herausforderungen dieses Transits erkennst Du daran, daß Du
- nur von anderen nimmst, ohne selbst zu geben.
- mit Deinem Partner prahlst, statt selbst zu strahlen.
- Deine Beziehungen dadurch verbessern möchtest, daß Du ständig neue eingehst.

Jupiter im 8. Haus ***Schutzengel***

In diesem Jahr kannst Du an jeder Deiner inneren Krisen wachsen und gedeihen. Vertraue Deinem Schutzengel, und lasse voller Zuversicht das zu Ende gehen, was sich überlebt hat. Alles, worauf

Du Dich tief und verbindlich eingelassen hast, kann Dich jetzt in Deiner Entwicklung unterstützen. Greife jedoch nicht in die Taschen anderer, um das Glück zu erben, das Du Dir gerade erhoffst.

Einen erlösten Umgang mit den Herausforderungen dieses Transits erkennst Du daran, daß Du
- Glück in Deinem vermeintlichen Unglück hast.
- darauf vertraust, daß alles, was jetzt von Dir geht, zu Deinem Vorteil ist.
- das Beste aus Deinen Verbindlichkeiten machst.

Einen unerlösten Umgang mit den Herausforderungen dieses Transits erkennst Du daran, daß Du
- auf eine Erbschaft hoffst, die nie kommen wird.
- Dir von Krediten das versprichst, was Du ohnehin nicht bezahlen kannst.
- durch exzessiven Sex zum Glauben finden möchtest.

Jupiter im 9. Haus ***Fernziele***

Nutze dieses Jahr, um ferne Ziele anzusteuern und Deinen Horizont zu weiten. Alles, wovon Du wirklich überzeugt bist, wird Dich jetzt weiterbringen, aber glaube nicht, daß Du der Einzige bist, der die Weisheit mit Löffeln gefressen hat. Wenn Du den Überblick bewahrst, kannst Du dem Sinn Deines Daseins ein ganzes Stück näherkommen. Versuche jedoch nicht, Deinen Glauben dadurch zu stärken, daß Du ihn anderen aufdrängst.

Einen erlösten Umgang mit den Herausforderungen dieses Transits erkennst Du daran, daß Du
- Dir voller Zuversicht neue Horizonte erschließt.
- Dich weiterbildest.
- von Deinem Glauben überzeugt bist.

Einen unerlösten Umgang mit den Herausforderungen dieses Transits erkennst Du daran, daß Du
- eine Moralpredigt nach der anderen hältst.
- alles besser weißt als andere und ungebetene Ratschläge erteilst.
- Dich über Glaubensfragen erhaben fühlst.

Jupiter im 10. Haus ***Öffentlicher Erfolg***

Wenn Du in diesem Jahr keine beruflichen Erfolge erzielen kannst, dann wird es Zeit, Deiner wahren inneren Berufung zu folgen. Du kannst jetzt Dein öffentliches Ansehen verbessern, und durch die Gesellschaftskreise, in denen Du Dich bewegst, Unterstützung erfahren. Du mußt auch nicht ständig den Chef spielen, um beruflich vorwärts zu kommen. Überzeuge andere durch Deine Leistungen, und vertraue auf das Glück des Tüchtigen.

Einen erlösten Umgang mit den Herausforderungen dieses Transits erkennst Du daran, daß Du
- beruflich erfolgreich bist.
- Deinen Status in der Gesellschaft verbesserst.
- mit Zuversicht Deiner inneren Berufung folgst.

Einen unerlösten Umgang mit den Herausforderungen dieses Transits erkennst Du daran, daß Du
- Dich auf Deinen Lorbeeren ausruhst.
- Dich nur in Gesellschaftskreisen bewegst, durch die Du Dich geadelt fühlst.
- Dich Deinen Vorgesetzten überlegen wähnst.

Jupiter im 11. Haus ***Mäzenatentum***

Du kannst in diesem Jahr viel Unterstützung von Freunden und Gleichgesinnten erfahren und auch ihnen hilfreich unter die Arme greifen. Gemeinsam mit anderen kommst Du jetzt besser vorwärts als alleine. Versprich Dir jedoch nicht zuviel von Gruppen, die große Versprechungen machen. Du brauchst keinem Guru zu folgen und auch selbst keiner zu werden, um jetzt Dein Glück mit anderen zu finden.

Einen erlösten Umgang mit den Herausforderungen dieses Transits erkennst Du daran, daß Du
- zu Deinen Freunden großzügig bist.
- durch Teamarbeit große Fortschritte erzielst.
- Dich als Förderer und Gönner erweist.

Einen unerlösten Umgang mit den Herausforderungen dieses Transits erkennst Du daran, daß Du

– Dich mit Deinen Freunden wichtig machst.
– in jeder Gruppe den King markierst.
– bei jedem Verein Dein Glück versuchst.

Jupiter im 12. Haus ***Verborgenes Wachstum***
Du kannst jetzt vor allem im verborgenen wachsen. Gönne Dir in diesem Jahr Phasen des Rückzugs, in denen Du die spirituellen Dimensionen Deines Daseins spüren und zu einem tieferen Lebenssinn finden kannst. Durch jede Form der Meditation und inneren Einkehr wirst Du jetzt reich beschenkt werden. Halte Dich jedoch nicht für etwas Besseres, bloß weil Du heimlich in der Bibel liest.

Einen erlösten Umgang mit den Herausforderungen dieses Transits erkennst Du daran, daß Du
– Dich in Phasen des Rückzugs beglückt und beschenkt fühlst.
– zu Deinem inneren Reichtum findest.
– aus Deinen Verdrängungen das Beste machst.

Einen unerlösten Umgang mit den Herausforderungen dieses Transits erkennst Du daran, daß Du
– Dich heimlich für den Größten hältst.
– Dich nur noch glücklich fühlst, wenn Du alleine bist.
– Deine großartigen Träume mit der Realität verwechselst.

Jupiter-Transite zu den Planeten

Jupiter-Sonne ***Bewußtseinserweiterung***
Jetzt kannst Du Dein Bewußtsein erweitern und als Persönlichkeit wachsen. Das heißt jedoch nicht, daß Du dazu auserwählt bist, nur noch hemmungslos Deinen Egotrip auszuleben. Jede Form der Selbstüberschätzung steht Deinem Glück jetzt im Wege. Sei dennoch von Dir selbst begeistert, damit Du Deinen Überzeugungen entsprechend leben kannst.

Einen erlösten Umgang mit den Herausforderungen dieses Transits erkennst Du daran, daß Du
– voller Selbstvertrauen bist.

– Deine Persönlichkeit mehr zur Entfaltung bringst.
– so bist, wie es überzeugend für Dich ist.

Einen unerlösten Umgang mit den Herausforderungen dieses Transits erkennst Du daran, daß Du
– glaubst, es gäbe keinen Besseren als Dich.
– erwartest, daß Dir jeder die Füße küssen wird.
– ständig über Deine Selbstgefälligkeit stolperst.

Jupiter-Mond ***Glücksgefühl***

Wenn Du jetzt nicht in Hochstimmung bist, dann wird es Zeit, Deinen inneren Gefühlsreichtum mehr auszuschöpfen. Vertraue Deinen seelischen Empfindungen, denn es könnten Glücksgefühle auf Dich warten. Selbst wenn Du nicht die beste Mutter der Welt hast, kannst Du Dich jetzt innerlich genährt fühlen. Zeige, was Du brauchst, damit Du es bekommen kannst.

Einen erlösten Umgang mit den Herausforderungen dieses Transits erkennst Du daran, daß Du
– Dich rundherum wohlfühlst.
– auf Deine Gefühle vertraust.
– Dich innerlich reich und beglückt fühlst.

Einen unerlösten Umgang mit den Herausforderungen dieses Transits erkennst Du daran, daß Du
– nur noch in Jubelstimmung bist.
– erwartest, von allen bemuttert zu werden.
– Dich mit allem, was Dich nährt, überfütterst.

Jupiter-Merkur ***Überredungskunst***

Jetzt kannst Du Dich überzeugend ausdrücken, doch verspreche niemandem zuviel. Große Worte können Dich jetzt zwar weiterbringen, aber nur, wenn sie nicht hohl klingen. Versuche in allem das Beste zu sehen, ohne allzu naiv und gutgläubig zu sein. Lasse Dich vom Reichtum Deiner Gedanken beglücken, erweitere Deine Wahrnehmung und »Think big!«

Einen erlösten Umgang mit den Herausforderungen dieses Transits erkennst Du daran, daß Du

– Dir weiterführende Gedanken machst.
– Deine Ausdrucksmöglichkeiten steigerst.
– voller Zuversicht zu Deinen Meinungen stehst.

Einen unerlösten Umgang mit den Herausforderungen dieses Transits erkennst Du daran, daß Du
– andere ständig eines Besseren belehrst.
– nur noch leere Phrasen drischst.
– jedem aufs Wort glaubst.

Jupiter-Venus ***Glück in der Liebe***

Wenn Du Dich voller Zuversicht den schönen Seiten des Lebens öffnest und darauf vertraust, daß Du liebenswert bist, dann wirst Du jetzt Dein Glück in der Liebe finden können. Gönne Dir ein paar Annehmlichkeiten, ohne deshalb allzu bequem und faul zu werden.

Einen erlösten Umgang mit den Herausforderungen dieses Transits erkennst Du daran, daß Du
– Deine Liebesfähigkeit erweiterst.
– voller Liebe steckst.
– Deinen guten Geschmack zeigst.

Einen unerlösten Umgang mit den Herausforderungen dieses Transits erkennst Du daran, daß Du
– Dir mehr von der Liebe versprichst, als Du zu geben bereit bist.
– Dich übertrieben schön findest.
– nur noch verwöhnt werden möchtest.

Jupiter-Mars ***Handlungsspielraum***

Dir steht jetzt viel Kraft zur Verfügung, um Dich selbst zu behaupten und Deine Ziele zu verfolgen. Vertraue Deiner inneren Stärke, dann geht alles, was Du jetzt anpackst, glücklich für Dich aus. Versuche nicht, über jedes Ziel hinauszuschießen, um anderen zu imponieren. Sei überzeugt von dem, was Du tust, und handle mit Zuversicht. Du kannst jetzt viel erreichen, wenn Du Dir nicht zuviel auf einmal vornimmst.

Einen erlösten Umgang mit den Herausforderungen dieses Transits erkennst Du daran, daß Du
- Deinen Handlungsspielraum erweiterst.
- Deine Ziele mit innerer Überzeugung und Weitblick verfolgst.
- Dich kraftvoll und stark fühlst.

Einen unerlösten Umgang mit den Herausforderungen dieses Transits erkennst Du daran, daß Du
- Deine Kräfte überschätzt.
- zum Überzeugungstäter wirst.
- Dich sexuell verausgabst.

Jupiter-Jupiter ***Wachstumsprozesse***

Jetzt hast Du ausreichend Gelegenheit, Dein inneres und äußeres Wachstum zu steigern. Nutze die Zeit, um Deine Möglichkeiten voll auszuschöpfen. Lasse keine Chance aus, die Deine Entwicklung in Riesenschritten voranbringen könnte, aber stolpere nicht über irgendwelche falschen Versprechungen.

Einen erlösten Umgang mit den Herausforderungen dieses Transits erkennst Du daran, daß Du
- mehr Weitblick zeigst und großzügig vorausplanst.
- aus dem vollen schöpfen kannst.
- Dich im großen Stil weiterentwickelst.

Einen unerlösten Umgang mit den Herausforderungen dieses Transits erkennst Du daran, daß Du
- Dir mehr erhoffst, als für Dich drin ist.
- um jeden Preis Fortschritte erzielen möchtest.
- Dein Wachstum nicht verkraften kannst.

Jupiter-Saturn ***Grenzerweiterung***

Jetzt kannst Du Deine Grenzen erweitern und im Rahmen Deiner Möglichkeiten wachsen. Du kommst nur dann weiter, wenn Du auf dem Boden der Tatsachen bleibst und der Realität ins Auge blickst. Lade Dir mit Deiner Zuversicht nicht mehr Verpflichtungen auf, als Du tragen kannst. Plane mit Weitblick, was Du Dir in nächster Zeit aufbauen möchtest. Lasse alte Strukturen hinter Dir, aber säge nicht an dem Ast, auf dem Du gerade sitzt.

Einen erlösten Umgang mit den Herausforderungen dieses Transits erkennst Du daran, daß Du
– das Glück hast, Dich abgrenzen zu können.
– großzügig auf das verzichtest, was Du ohnehin nicht brauchst.
– Deine inneren Begrenzungen und Ängste lockerst.

Einen unerlösten Umgang mit den Herausforderungen dieses Transits erkennst Du daran, daß Du
– zu Horizonten aufbrichst, die Deiner Realität nicht entsprechen.
– Deine Möglichkeiten überschätzt, weil Du Deine Grenzen nicht wahrnimmst.
– manisch-depressiv bist.

Jupiter-Chiron ***Heilwerdung***

Auch wenn es paradox klingt – jetzt kann es wohltuend für Dich sein, Deine inneren Wunden und Verletzungen zu spüren. Du kannst jetzt Fortschritte erzielen, indem Du Deine Achillesfersen akzeptierst und Dir eingestehst, verwundbar zu sein.

Einen erlösten Umgang mit den Herausforderungen dieses Transits erkennst Du daran, daß Du
– innere Heilungsprozesse in Gang setzt.
– Größe zeigst, indem Du Deinen Schmerz erträgst.
– tolerant mit Deinen Schwachstellen umgehst.

Einen unerlösten Umgang mit den Herausforderungen dieses Transits erkennst Du daran, daß Du
– Dich für unverwundbar hältst.
– großzügig jeden Schmerz umgehst.
– Dir oder anderen Wunderheilungen versprichst.

Jupiter-Uranus ***Satori***

Jetzt kannst Du vom Blitz der Erkenntnis getroffen werden, aber nur, wenn Du nicht vor der damit verbundenen Freiheit zurückschreckst. Lasse Dich von Deinen göttlichen Offenbarungen nicht dazu hinreißen, gleich ein völlig neues Leben anzufangen. Verschaffe Dir mehr Freiräume und sei innerlich dazu bereit, unabhängiger und ungebundener zu werden.

Einen erlösten Umgang mit den Herausforderungen dieses Transits erkennst Du daran, daß Du
- Dich voller Idealismus für Deine eigene und die Freiheit anderer einsetzt.
- dadurch vorwärts kommst, daß Du zu radikalen Veränderungen bereit bist.
- Deine unangepaßten Seiten mehr zur Entfaltung bringst.

Einen unerlösten Umgang mit den Herausforderungen dieses Transits erkennst Du daran, daß Du
- einem Höhepunkt nach dem anderen hinterherjagst.
- aus Deinem Leben eine Achterbahnfahrt machst.
- Dir von jeder plötzlichen Veränderung Gutes versprichst.

Jupiter-Neptun ***Spirituelles Wachstum***

Jetzt kannst Du solche spirituelle Höhen erreichen, daß Dir vielleicht davon schwindlig wird. Nutze die Zeit dennoch für Dein spirituelles Wachstum, doch halte Dich von religiösen Wahnvorstellungen fern. Du kannst Dich jetzt auf Deinen Schutzengel verlassen, auch wenn Du nicht zum Erlöser auserkoren bist. Nehme Dir Dein Recht auf Rausch, und verfalle nur solchen Süchten, die Dir gut tun.

Einen erlösten Umgang mit den Herausforderungen dieses Transits erkennst Du daran, daß Du
- eine Zeit erfüllter Spiritualität erlebst.
- das Beste aus Deinen Sehnsüchten machst.
- dem Göttlichen in Dir vertraust.

Einen unerlösten Umgang mit den Herausforderungen dieses Transits erkennst Du daran, daß Du
- exzessive Rauschzustände durchlebst.
- glaubst, Gutes zu tun, indem Du andere rettest.
- nur dem Schein nach heilig bist.

Jupiter-Pluto ***Fanatismus***

Wenn Du jetzt auch Deinen dunklen Seiten vertraust, dann wirst Du Dich erfolgreich wandeln können. Jede Form von Fanatismus aber wird Dich in den Abgrund stürzen, damit Du den Reichtum

Deiner Tiefen besser kennenlernst. Du kannst jetzt Außergewöhnliches leisten, wenn Du von Deiner Macht überzeugt bist, oder aber in einem Trümmerhaufen landen, aus dem Du nur durch den festen Glauben an Deine Regenerationsfähigkeit wieder auferstehen kannst.

Einen erlösten Umgang mit den Herausforderungen dieses Transits erkennst Du daran, daß Du
- Dich vertrauensvoll in Deine Krisen stürzt.
- Dich zum Guten wandelst.
- kraft Deiner Überzeugungen einen starken Einfluß ausübst.

Einen unerlösten Umgang mit den Herausforderungen dieses Transits erkennst Du daran, daß Du
- Deine Macht verherrlichst und Deine Ohnmacht gutheißt.
- aus Überzeugung gar zum Mörder werden könntest.
- voller Zuversicht in Dein Unglück rennst.

Saturn-Transite

Allgemeine Hinweise

Der Ernst des Lebens
Auch wenn es oft frustrierend für uns ist, an den ernsten Seiten des Lebens kommen wir auf Dauer nicht vorbei. Unser Dasein auf Erden hat seinen Preis, und unter Saturn-Transiten flattern uns die entsprechenden Rechnungen und Mahnungen auf den Tisch. Sie konfrontieren uns mit den materiellen und psychischen Notwendigkeiten unserer irdischen Existenz und erinnern uns daran, daß wir uns diesen auch stellen müssen.

Verantwortung tragen
Eine dieser Notwendigkeiten besteht darin, daß wir im Rahmen unserer Möglichkeiten selbst die Verantwortung für unser Leben übernehmen müssen. Wenn wir uns vor unserer Verantwortlichkeit drücken, durchleben wir unter Saturn-Transiten eine harte Zeit, denn wir können nicht länger anderen die Schuld an unseren Unzulänglichkeiten in die Schuhe schieben. Wenn wir es trotzdem tun, müssen wir dafür einen hohen Preis bezahlen, indem wir weiterhin in Unselbständigkeit und Abhängigkeit von anderen verharren, statt eigenverantwortlich durchs Leben zu gehen.

Ängsten begegnen
Unter Saturn-Transiten werden wir mit unseren Ängsten konfrontiert, die daraus resultieren, daß wir bestimmte Dinge zu eng sehen und dadurch nicht in der Lage sind, unsere Möglichkeiten voll auszuschöpfen. Ängste sind ein schlechter Ratgeber, wenn wir sie nicht akzeptieren und erkennen, wovor sie uns bewahren möchten. Wenn wir uns unseren Ängsten stellen, können wir den Teil, der sich dadurch nicht in Luft auflöst, dazu nutzen, uns vor

dem zu bewahren, was uns ernstlich schaden und verletzen würde.

Grenzen respektieren

Unter Saturn-Transiten müssen wir unsere Grenzen akzeptieren, damit wir sie voll ausschöpfen können. Durch einen respektvollen Umgang mit den von uns und durch andere gesetzten Grenzen können wir einen festen Bezugsrahmen schaffen, innerhalb dessen wir uns voll verwirklichen können. In dieser Form der Selbstbeschränkung zeigt sich unsere Weisheit.

Bilanz ziehen

Saturn-Transite fordern uns dazu auf, nüchtern und sachlich Bilanz zu ziehen. Unter Saturn-Transiten ernten wir, was wir gesät haben. Dies kann uns Erfolge bescheren, auf die wir lange und mühsam hingearbeitet haben, uns aber auch mit unerledigten »Geschäften« konfrontieren, vor deren Erledigung wir uns lange gedrückt haben. Wenn wir mit leichterem Gepäck reisen möchten, dann können wir Saturn-Transite als Chance begreifen, Altes abzuschließen und uns von dem zu trennen, was uns nur belastet anstatt nützlich für uns zu sein.

Die passenden Rahmenbedingungen schaffen

Wenn wir uns neue Türen öffnen möchten, müssen wir der Tatsache ins Auge sehen, daß sie einen festen Rahmen brauchen. Unter Saturn-Transiten können wir uns die richtigen Rahmenbedingungen schaffen, damit wir konkret werden und unsere Ziele verwirklichen können. Dies kann uns Türen öffnen, an denen wir lange vergeblich gerüttelt haben, weil wir die Eintrittsbedingungen nicht wahrhaben wollten.

Disziplin und Ausdauer

Ohne Fleiß kein Preis, so lautet die saturnische Devise. Unter Saturn-Transiten brauchen wir daher Disziplin und Ausdauer, um das zu erreichen, was wir uns vorgenommen haben. Wenn wir Stehvermögen zeigen und unseren Pflichten nachkommen, werden wir Saturn-Transite nutzen können, um eine reiche Ernte einzufahren und unser Leben auf eine stabile und solide Grundlage zu stellen. Das, was wir uns erarbeitet haben, wird uns dann über viele Jahre hinweg tragen und als Basis für weitere Entwicklungen dienen können.

Saturn-Zyklen

Saturn braucht insgesamt etwa 29 1/2 Jahre, um einmal durch den Tierkreis zu wandern. Er hält sich durchschnittlich 2 1/2 Jahre in einem Tierkreiszeichen auf. Saturn-Transite durch die Häuser dauern je nach Hausgröße ca. 15–60 Monate. Saturn-Transite zu den Radixplaneten sind je nach innerem Verantwortungsbewußtsein und persönlichem Reifungsgrad nur einige Wochen oder sogar 3–5 Monate lang zu spüren, bei rückläufigen Phasen auch bis zu 10 Monaten lang.

Saturn wird etwa alle 12 1/2 Monate für ca. 4 1/2 Monate rückläufig. Sein Rückläufigkeitszyklus setzt somit jedes Jahr ca. 2 Wochen später ein als im Jahr zuvor. Seine rückläufige Phase stellt eine Gelegenheit dar, uns die inneren Rahmenbedingungen für Reifungsprozesse zu schaffen, unser Verantwortungsbewußtsein zu stärken, unerledigte »Geschäfte« zu Ende zu bringen und gründlich Bilanz zu ziehen.

Was bei Saturn-Transiten zu tun ist

Was die eigene Entwicklung unterstützt:
- Grenzen und Beschränkungen akzeptieren,
- Verantwortung übernehmen und sich verpflichten,
- nüchtern Bilanz ziehen,
- unerledigte »Geschäfte« zu Ende bringen,
- diszipliniertes und effektives Arbeiten,
- realistische Einschätzung der eigenen Möglichkeiten.

Was die eigene Entwicklung hemmt:
- Mangel an Selbstdisziplin und innerer Stabilität,
- kein Verantwortungsbewußtsein zeigen,
- Unzulänglichkeitsgefühle und Versagensängste,
- fehlender Respekt vor inneren und äußeren Grenzen,

– zu wenig Geduld und Ausdauer haben,
– Angst vor dem Ernst des Lebens.

Saturn-Transite durch die Häuser

Saturn im 1. Haus ***Reinkarnation***

Jetzt kannst Du Dich nicht länger vor der Welt versteckt halten. Nimm wieder eine feste Gestalt an und steh Deinen Mann oder Deine Frau. Zeige der Welt Deine ernsten Seiten, aber blicke nicht ständig finster drein. Du mußt jetzt nicht mit einem gebeugten Rücken durch die Welt laufen, um allen die Verantwortung vor Augen zu führen, die gegenwärtig auf Dir lastet. Sorge dafür, daß Du ernst genommen wirst, wenn Du Dich zeigst.

Einen erlösten Umgang mit den Herausforderungen dieses Transits erkennst Du daran, daß Du
– Deine äußere Erscheinung in eine für Dich passende Form bringst.
– Ernsthaftigkeit und Zuverlässigkeit ausstrahlst.
– Dich gut von anderen abgrenzen kannst.

Einen unerlösten Umgang mit den Herausforderungen dieses Transits erkennst Du daran, daß Du
– zuviel äußere Härte an den Tag legst.
– Hemmungen hast, Dich zu zeigen.
– bis auf die Knochen abmagerst.

Saturn im 2. Haus ***Besitzstandssicherung***

Jetzt zeigt sich der Ernst des Lebens auch auf Deinem Bankkonto. Nutze diese Phase, um Deine Besitzstände zu sichern und Dein Leben auf eine solide wirtschaftliche Basis zu stellen. Das heißt nicht, daß Du jetzt jeden Pfennig so lange umdrehen mußt, bis er nur noch als Kupferdraht taugt. Stabilisiere Dein Selbstwertgefühl, indem Du einen angemessenen Preis für das verlangst, was Du Dir wert bist. Kompensiere Deine Selbstzweifel nicht mit vorgetäuschter Großzügigkeit. Du bist auch wer, wenn Du weniger als sonst in der Tasche hast.

Einen erlösten Umgang mit den Herausforderungen dieses Transits erkennst Du daran, daß Du
- Dir und anderen klar machst, was Du wert bist.
- Deine persönlichen und finanziellen Ressourcen sicherst.
- Dir Dein Revier absteckst.

Einen unerlösten Umgang mit den Herausforderungen dieses Transits erkennst Du daran, daß Du
- ständig Pleite bist, weil Du nicht weißt, was Du wert bist.
- Dir mit Deinem Armutsbewußtsein den letzten Bissen vom Mund absparst.
- das Gefühl nicht los wirst, zu kurz zu kommen.

Saturn im 3. Haus ***Nachhilfe***

Du mußt jetzt nicht gleich ins Stottern geraten, damit Du von Deiner unmittelbaren Umgebung aufmerksamer wahrgenommen wirst. Nutze die Zeit, um Dinge zu lernen, die Dich beim Umgang mit Deinen alltäglichen Kontakten und Begegnungen unterstützen. Lasse Dir Nachhilfe geben, um Deine Ausdrucksmöglichkeiten zu verbessern und Dich anderen gegenüber klar und unmißverständlich ausdrücken zu können.

♄

Einen erlösten Umgang mit den Herausforderungen dieses Transits erkennst Du daran, daß Du
- Dir die richtigen Bedingungen schaffst, um Dich mit anderen auszutauschen und gehört zu werden.
- Mißverständnisse zum Anlaß nimmst, Dich klarer auszudrükken.
- verantwortungsbewußt mit den Menschen in Deiner unmittelbaren Umgebung umgehst.

Einen unerlösten Umgang mit den Herausforderungen dieses Transits erkennst Du daran, daß Du
- Deiner unmittelbaren Umgebung mit Abwehr und übermäßiger Vorsicht begegnest.
- kaum noch Briefe und Anrufe bekommst.
- Deinen Geschwistern oder Deiner Verwandtschaft zur Last fällst.

Saturn im 4. Haus ***Wurzeln schlagen***

Jetzt ist die Zeit reif, Dich zu verwurzeln und Dir ein sicheres Zuhause zu schaffen. Du mußt jetzt nicht gleich ein Haus bauen, um zu wissen, wo Du hingehörst. Schaffe Dir ein stabiles Fundament, damit Du Deinen Platz in der Gesellschaft einnehmen kannst. Finde zu Deiner inneren Geborgenheit, sonst wirst Du Dich nie von Deinem Elternhaus abnabeln können.

Einen erlösten Umgang mit den Herausforderungen dieses Transits erkennst Du daran, daß Du
- Dich von zu Hause und Deiner Herkunft abgrenzen kannst.
- Verantwortung für Deine Familie zeigst.
- weißt, wo Du zu Hause bist.

Einen unerlösten Umgang mit den Herausforderungen dieses Transits erkennst Du daran, daß Du
- keinen Platz finden kannst, an dem Du Dich zu Hause fühlst.
- in einer erbärmlichen Hütte haust.
- seelisch ohne Heimat bist.

Saturn im 5. Haus ***Spielregeln***

Wenn Dir jetzt der Spaß vergeht, dann wird es Zeit, Dich an Deine eigenen Spielregeln zu halten. Schaffe Dir Bedingungen, die Deiner Kreativität förderlich sind, und setze eigene Maßstäbe, anhand derer Du nach Anerkennung für Deine schöpferischen Seiten strebst. Statt Kindern gegenüber streng zu sein, solltest Du jetzt von ihnen lernen, dem Leben auf spielerische Weise zu begegnen.

Einen erlösten Umgang mit den Herausforderungen dieses Transits erkennst Du daran, daß Du
- Deine kreativen Seiten in eine passende Form bringst.
- alles ernst nimmst, was Deinen schöpferischen Selbstausdruck fördert.
- Kindern gegenüber Verantwortungsbewußtsein zeigst.

Einen unerlösten Umgang mit den Herausforderungen dieses Transits erkennst Du daran, daß Du
- allen den Spaß verdirbst, weil Du nicht spielerisch sein kannst.

- Deinen Kindern die Schuld für Dein freudloses Dasein in die Schuhe schiebst.
- Angst davor hast, kreativ und schöpferisch zu sein.

Saturn im 6. Haus ***Arbeitsleistung***

Statt weiterhin an einem unliebsamen Arbeitsplatz auszuharren, solltest Du jetzt nur solche Arbeiten übernehmen, die Du vor Dir selbst verantworten kannst. Strukturiere Deinen Alltag so, wie es Dir entspricht, und versuche nicht ständig mehr zu leisten als Du verkraften kannst. Komme Deinen Pflichten gewissenhaft nach, aber grenze Dich von jeder Verantwortung ab, die Dich krank macht.

Einen erlösten Umgang mit den Herausforderungen dieses Transits erkennst Du daran, daß Du
- pflichtbewußt alle Arbeiten erledigst, für die Du Dich verantwortlich fühlst.
- Deinen Lebensrhythmus nach Deinen eigenen Maßstäben bestimmst.
- Dich der Verantwortung für Deine Gesundheit stellst.

Einen unerlösten Umgang mit den Herausforderungen dieses Transits erkennst Du daran, daß Du
- Dir nur schwere Arbeit aufbürdest, die kaum zu bewältigen ist.
- ständig Überstunden machst, weil Du Dich für unentbehrlich hältst.
- unter der Last des Alltags zusammenbrichst oder krank davon wirst.

Saturn im 7. Haus ***Stabile Beziehungen***

Jetzt kommen Deine partnerschaftlichen Beziehungen und Begegnungen auf den Prüfstand. Wer jetzt noch an Deiner Seite bleiben darf, der sollte sich bewährt haben. Verabschiede Dich von Deinen Projektionen, auch wenn dies Trennungen zur Folge hat. Beziehungen, die sich überlebt haben, können jetzt sehr anstrengend werden. Beschränke Dich auf solche Partnerschaften, die wesentlich für Dich sind.

Einen erlösten Umgang mit den Herausforderungen dieses Transits erkennst Du daran, daß Du
- in Deinen Beziehungen zu anderen Bilanz ziehst.
- Dich innerhalb Deiner Partnerschaften abgrenzen kannst.
- die tragenden und stabilisierenden Elemente Deiner Beziehungen erkennst.

Einen unerlösten Umgang mit den Herausforderungen dieses Transits erkennst Du daran, daß Du
- Deine Partner für jeden Frust verantwortlich machst.
- Deine Beziehungen als schwere Belastung und Verpflichtung empfindest.
- Angst vor Begegnungen hast.

Saturn im 8. Haus ***Eiserne Bande***

Prüfe jetzt, was Dich bindet, ohne jeden an die Kette zu legen, auf den Du Dich eingelassen hast. Lerne Dich fallen zu lassen, und bleibe nur mit denen zusammen, die Dich auch auffangen können. Akzeptiere die Endlichkeit des Daseins und setze Dich ernsthaft mit dem Tod auseinander. Stelle Dich den Grenzen Deiner Sexualität, ohne gleich Orgasmusstörungen zu kriegen.

Einen erlösten Umgang mit den Herausforderungen dieses Transits erkennst Du daran, daß Du
- Dich ernsthaft mit den großen und kleinen Toden des Lebens auseinandersetzt.
- Verantwortung für Deine seelischen und materiellen Verbindlichkeiten übernimmst.
- Dir die Bedingungen schaffst, unter denen Du Dich tief einlassen kannst.

Einen unerlösten Umgang mit den Herausforderungen dieses Transits erkennst Du daran, daß Du
- Angst davor hast, Dich fallen zu lassen.
- alles vermeidest, was Dich wandeln könnte.
- die perfekte Geliebte oder den vollkommenen Liebhaber spielst, weil Du Dich nicht wirklich hingeben kannst.

Saturn im 9. Haus ***Sinnkrise***

Wenn Du jetzt am Sinn des Daseins zweifelst, dann wird es Zeit, zu Deinen inneren Überzeugungen zu stehen. Keine religiöse Autorität der Welt kann Dir jetzt aus Deiner Sinnkrise helfen, wenn Du selbst nicht weißt, worum es Dir in Deinem Leben auf einer höheren Ebene geht. Schaffe Dir selbst die richtigen Bedingungen, damit Du Deinen Horizont erweitern kannst. Suche Dir für Deine geistigen Höhenflüge einen guten Landeplatz.

Einen erlösten Umgang mit den Herausforderungen dieses Transits erkennst Du daran, daß Du

- zu festen Überzeugungen und Glaubensgrundsätzen findest.
- nur solche Grenzen akzeptierst, die Deinen Horizont erweitern.
- durch Beschränkungen zur Weisheit gelangst.

Einen unerlösten Umgang mit den Herausforderungen dieses Transits erkennst Du daran, daß Du

- auf der Suche nach Dir selbst bis ans Ende der Welt reist.
- nichts mehr hast, woran Du glauben kannst.
- Dir sowohl im konkreten als auch im geistigen Sinne ein Flugverbot erteilst.

Saturn im 10. Haus ***Öffentliche Anerkennung***

Jetzt kannst Du die Früchte Deiner langjährigen beruflichen Anstrengungen und Leistungen ernten. Wenn Du jetzt vom Thron fällst, dann haben Dich Deine unerledigten Geschäfte eingeholt. Du kannst nur mit dem, was wirklich Substanz hat, und worin Du kompetent bist, Erfolg haben. Überlege Dir gut, welchen Preis Du für Deine öffentliche Anerkennung zu zahlen bereit bist, damit Du nicht unter der Last der damit verbundenen Verantwortung zusammenbrichst.

Einen erlösten Umgang mit den Herausforderungen dieses Transits erkennst Du daran, daß Du

- es schaffst, Deine innere Berufung zu verwirklichen.
- Dich mit den Erfolgen bescheidest, die Dir wirklich zustehen.
- Deiner gesellschaftlichen Verantwortung gerecht wirst.

Einen unerlösten Umgang mit den Herausforderungen dieses Transits erkennst Du daran, daß Du
- jeden beruflichen Erfolg als Last und Bürde empfindest.
- einen Karriereknick hinnehmen mußt, weil Du Deine Grenzen nicht akzeptieren konntest.
- nur Mißerfolge erntest.

Saturn im 11. Haus ***Leitwolf***

Wenn Du jetzt nur solche Ideale hast, die niemand mit Dir teilt, dann kann es einsam um Dich werden. Stelle Dich der Verantwortung, die Du Deinen Freunden gegenüber hast, ohne Dich dadurch von ihnen zu isolieren. Du mußt nicht unbedingt den Leitwolf spielen, um unter Gleichgesinnten Anerkennung zu finden. Schließe Dich nur solchen Gruppen an, deren Ziele Du verantworten kannst.

Einen erlösten Umgang mit den Herausforderungen dieses Transits erkennst Du daran, daß Du
- den richtigen Rahmen für wahre Freundschaften schaffst.
- Gleichgesinnte findest, mit denen Du gemeinsam gesellschaftliche Verantwortung tragen kannst.
- Dich von solchen Freunden trennst, die Dir im Grunde feind sind.

Einen unerlösten Umgang mit den Herausforderungen dieses Transits erkennst Du daran, daß Du
- Dich als verkanntes Genie in Deinen Elfenbeinturm zurückziehst.
- keine guten Freunde mehr hast.
- Dich für jeden Verein, dem Du angehörst, alleine verantwortlich fühlst.

Saturn im 12. Haus ***Innere Emigration***

Jetzt wird es Zeit, Dich von Deinen äußeren Aktivitäten zurückzuziehen und nüchtern Bilanz über Dein Leben zu ziehen. Nutze diese Phase, um alte und unerledigte »Geschäfte« abzuschließen und Dich auf einen inneren Neuanfang vorzubereiten. Schrecke nicht davor zurück, alleine zu sein und Dein Innerstes ernsthaft zu erforschen. Lasse möglichst viel Ballast hinter Dir, damit Du mit leichtem Gepäck weiterreisen kannst, wenn Saturn über Deinen Aszendenten wandert.

Einen erlösten Umgang mit den Herausforderungen dieses Transits erkennst Du daran, daß Du
- Deine verdrängten und ungelebten Seiten ernst nimmst.
- mit Dir alleine sein kannst.
- Dich innerlich festigst und darauf vertraust, vom Leben getragen zu werden.

Einen unerlösten Umgang mit den Herausforderungen dieses Transits erkennst Du daran, daß Du
- in Deinem stillen Kämmerlein dumpf vor Dich hinbrütest.
- unfreiwillig Bekanntschaft mit geschlossenen Anstalten machst.
- zum Gefangenen Deiner verdrängten Wesensanteile wirst.

Saturn-Transite zu den Planeten

Saturn-Sonne *Autoritätsperson*

Jetzt kannst Du als Persönlichkeit reifen und innere Autorität entwickeln. Strahle Integrität aus, indem Du Dich selbst ernst nimmst und Dich zu Deiner Verantwortung bekennst. Hüte Dich vor autoritärem Verhalten, nur weil Du innerlich an Dir zweifelst und Dir selbst nicht genügst. Stehe zu Deinen Grenzen und laufe nicht länger vor Dir selbst davon. Nimm Dich selbst in die Pflicht, damit auch andere Dich ernst nehmen und als Autorität akzeptieren können.

Einen erlösten Umgang mit den Herausforderungen dieses Transits erkennst Du daran, daß Du
- inneren Halt findest und dadurch Deine Persönlichkeit festigst.
- die Verantwortung für Dich selbst übernimmst.
- Dir einen passenden Rahmen schaffst, in dem sich Deine Persönlichkeit entfalten kann.

Einen unerlösten Umgang mit den Herausforderungen dieses Transits erkennst Du daran, daß Du
- Dich anderen ständig beweisen mußt.

– Dich an jeder Autorität reibst, um zu Dir selbst zu finden.
– Angst davor hast, Du selbst zu sein.

Saturn-Mond ***Abnabelung***

Jetzt wird es Zeit, mehr für Dich selbst zu sorgen und Dich von kindlichen Versorgungsansprüchen abzunabeln. Du mußt nicht gleich in Depressionen verfallen, damit Du Deine Gefühle ernster nehmen kannst als sonst. Übernimm selbst die Verantwortung für das, was Du brauchst, um Dich genährt und geborgen zu fühlen. Es hilft Dir jetzt nicht weiter, von anderen die Brust einzufordern, die Du Dir selbst nicht geben willst.

Einen erlösten Umgang mit den Herausforderungen dieses Transits erkennst Du daran, daß Du
– selbst dafür sorgst, Dich genährt fühlen zu können.
– Deine Gefühle und Bedürfnisse ernst nimmst.
– Dich seelisch von allem abnabelst, was Dich belastet.

Einen unerlösten Umgang mit den Herausforderungen dieses Transits erkennst Du daran, daß Du
– über Deine Gefühle zu Gericht sitzt und Dich für Deine bedürftigen Seiten verurteilst.
– seelisch verschlossen und unzugänglich bist.
– nichts mehr hast, was Dich nährt.

Saturn-Merkur ***Ernste Gedanken***

Jetzt steht es für Dich an, den Ernst des Lebens wahrzunehmen und der Realität ins Auge zu blicken. Bestrafe Dich für Deine ernsten Gedanken nicht mit Depressionen und endlosen Grübeleien. Drücke Dich klar und verständlich aus, damit Du nicht alles zweimal sagen mußt. Wer Dich jetzt überhört, mit dem mußt Du ein ernstes Wort reden. Laß Dich nicht für dumm verkaufen, bloß weil Du jetzt etwas schwerer von Begriff bist als sonst.

Einen erlösten Umgang mit den Herausforderungen dieses Transits erkennst Du daran, daß Du
– mit Nachdruck sagst, was Du denkst.
– ein realistisches Wahrnehmungsvermögen entwickelst.
– Deine Gedanken ernst nimmst.

Einen unerlösten Umgang mit den Herausforderungen dieses Transits erkennst Du daran, daß Du
- an Deinem Verstand zweifelst, weil Du Dich selbst nicht mehr verstehst.
- aufgrund Deiner Wahrnehmungsdefizite depressiv wirst.
- verschweigst, was Du denkst, weil es Dir dumm vorkommt.

Saturn-Venus ***Liebespflichten***

Jetzt wird es Zeit, die Liebe ernst zu nehmen, ohne daraus eine Pflicht zu machen. Prüfe, was und wer Dir lieb geworden ist und welche Beziehungen Du wirklich ernst meinst. Ziehe auch die Konsequenzen aus Deiner kritischen Bestandsaufnahme und trenne Dich von allem, was Du nicht länger lieben kannst. Beschränke Dich auf das, was schön für Dich ist, auch wenn es seinen Preis hat.

Einen erlösten Umgang mit den Herausforderungen dieses Transits erkennst Du daran, daß Du
- Deine Liebe und Deine Beziehungen auf den Prüfstand stellst.
- auf alle Annehmlichkeiten verzichtest, die Du Dir nicht leisten kannst.
- zu dem stehst, was Du nach Deinen Maßstäben liebst und gern hast.

Einen unerlösten Umgang mit den Herausforderungen dieses Transits erkennst Du daran, daß Du
- Liebe als Pflicht empfindest.
- Dich in Deinen Beziehungen ungeliebt fühlst.
- Dir nichts Schönes gönnen kannst.

Saturn-Mars ***Lust durch Frust***

Jetzt mußt Du Ausdauer und Durchhaltevermögen zeigen, um Deine Ziele zu erreichen. Setze Deine Kraft und Energie konzentriert ein und beschränke Dich auf das Wesentliche. Versuche nicht, mit Deinem Kopf durch Wände zu rennen, die nicht im Rahmen Deiner Möglichkeiten liegen. Nutze Widerstände von außen, um Dich auf Deine wahren Stärken zu besinnen, statt auf alle sauer zu sein, die mehr Autorität haben als Du.

Einen erlösten Umgang mit den Herausforderungen dieses Transits erkennst Du daran, daß Du
– nur für solche Ziele kämpfst, die sich für Dich lohnen.
– effektiv und konzentriert handelst.
– das, was Du anfängst, auch zu Ende bringst.

Einen unerlösten Umgang mit den Herausforderungen dieses Transits erkennst Du daran, daß Du
– Dich an jedem Widerstand aufgeilst.
– zähneknirschend Deine Wut herunterschluckst.
– Deine Kraft und Deine sexuelle Energie vergeudest.

Saturn-Jupiter ***Wachstumsgrenzen***
Jetzt mußt Du begreifen, daß Du nicht alles haben kannst. Werde Dir der Grenzen Deiner Wachstumsmöglichkeiten bewußt, ohne gleich Deine Zuversicht zu verlieren. Beschränke Dich auf solche Fortschritte, die Du auch verkraften und verantworten kannst. Prüfe Deine Überzeugungen und setze Dir Ziele, die Du innerhalb eines angemessenen Rahmens und Zeitraums erreichen kannst.

Einen erlösten Umgang mit den Herausforderungen dieses Transits erkennst Du daran, daß Du
– Deine Ziele auf ein realistisches Maß herunterschraubst.
– mit Deinen Hoffnungen ernst machst, ohne Deine Ideale zu verraten.
– mit Gelassenheit im Rahmen Deiner Möglichkeiten bleibst.

Einen unerlösten Umgang mit den Herausforderungen dieses Transits erkennst Du daran, daß Du
– auf alles verzichtest, was Dich erfüllen könnte.
– Dir jede Hoffnung abschminkst.
– zu stolz bist, auch kleinere Brötchen zu backen.

Saturn-Saturn ***Reifungsprozesse***
Jetzt durchläufst Du eine wichtige Phase in Deinem persönlichen Reifungszyklus. Stelle Dich Deiner Verantwortung, sonst bekommst Du die Quittung für alles, wovor Du Dich gedrückt hast. Hör auf, anderen die Schuld für Deine Unzulänglichkeiten in die

Schuhe zu schieben, sonst werden sie Dich nie wie einen erwachsenen Menschen behandeln können. Bejahe den Ernst des Lebens, und komme ohne zu murren Deinen Pflichten nach. Bleibe Dir nichts schuldig, was Dich später belasten könnte.

Einen erlösten Umgang mit den Herausforderungen dieses Transits erkennst Du daran, daß Du
- innerlich reifer und verantwortungsbewußter wirst.
- Dich zu Deinen Pflichten bekennst.
- im Rahmen Deiner Möglichkeiten das verwirklichst, was Dir Halt und Sicherheit gibt.

Einen unerlösten Umgang mit den Herausforderungen dieses Transits erkennst Du daran, daß Du
- nicht bereit bist, die Verantwortung für Dich zu übernehmen.
- frustriert darüber bist, ständig an Deine Grenzen zu stoßen.
- andere für Deine mangelnde Selbstdisziplin verantwortlich machst.

ħ

(Hinweis: Der transitierende Saturn bildet ungefähr alle 7 Jahre einen herausfordernden Aspekt zu seiner Radixposition. Diese Lebenphasen stellen Gelegenheiten für bedeutende Reifungsprozesse dar und gehen meist mit markanten Manifestationen einher, die Ausdruck unseres inneren Verantwortungsbewußtseins und unserer persönlichen Reife sind. Wenn es uns an beidem mangelt, werden wir vom Ernst des Lebens eingeholt, und wir fühlen uns niedergeschlagen und unzulänglich. Von besonderer Bedeutung sind die Phasen der Saturn-Wiederkehr, die ab der Geburt alle 28–30 Jahre stattfinden.)

Saturn-Chiron ***Schmerzmanifestation***

Jetzt wirst Du Deine alten Wunden und Verletzungen ernst nehmen müssen. Werde nicht gleich zum Einzelgänger, weil Du Deine Verletzlichkeit nicht zeigen möchtest. Grenze Dich von Menschen und Situationen ab, die Dir weh tun. Stehe zu Deinen Handicaps, und schaffe Dir einen Rahmen, der Heilungsprozesse ermöglicht.

Einen erlösten Umgang mit den Herausforderungen dieses Transits erkennst Du daran, daß Du
- Dich gegenüber allem abgrenzt, was Dich verletzt.
- die Verantwortung für Deine Verletzungen und Wunden übernimmst.
- konkrete Maßnahmen zum Heilwerden ergreifst.

Einen unerlösten Umgang mit den Herausforderungen dieses Transits erkennst Du daran, daß Du
- andere mit Deiner Verletzlichkeit einschränkst.
- Dich mit Deinem Schmerz alleine fühlst.
- keine Verantwortung für das übernimmst, was heilsam für Dich ist.

Saturn-Uranus ***Die Grenzen der Freiheit***

Jetzt wird es Zeit, Deinen Wunsch nach Freiheit und Unabhängigkeit zu verwirklichen. Schaffe Dir die richtigen Rahmenbedingungen, damit Du Deine ausgeflippten und unangepaßten Seiten leben kannst. Wer jetzt Zuverlässigkeit von Dir erwartet, der sollte Deine Rebellion zu spüren kriegen. Du mußt jedoch nicht gleich alles in die Luft jagen, um Dir Deine Unabhängigkeit zu beweisen. Wenn Dir jetzt ständig danach zumute ist, aus Deiner Haut zu fahren, dann tu es. Du wirst so die Grenzen Deiner Freiheit wirklich kennenlernen.

Einen erlösten Umgang mit den Herausforderungen dieses Transits erkennst Du daran, daß Du
- Dein Leben im Rahmen Deiner Möglichkeiten freier und unabhängiger gestaltest.
- die Verantwortung für Deine rebellischen und unangepaßten Seiten übernimmst.
- alles tust, um Deine innere Autonomie zu stärken.

Einen unerlösten Umgang mit den Herausforderungen dieses Transits erkennst Du daran, daß Du
- Dich ständig in Deiner Freiheit eingeschränkt fühlst.
- Angst davor hast, unabhängig zu sein.
- anderen die Schuld daran gibst, daß Du kein freier Mensch sein kannst.

Saturn-Neptun ***Recht auf Rausch***

Du wirst jetzt nicht darum herumkommen, Dir Deine Illusionen abzuschminken. Dafür kannst Du gleichzeitig alle Träume verwirklichen, die dem Ernst des Lebens standhalten. Auch Deine Sehnsucht nach Erlösung kann jetzt konkrete Formen annehmen, aber nur, wenn Du Dich dafür nicht ans Kreuz nageln läßt. Mache Schluß mit Deinem Suchtverhalten, ohne auf Dein Recht auf Rausch gänzlich zu verzichten.

Einen erlösten Umgang mit den Herausforderungen dieses Transits erkennst Du daran, daß Du

- Deine Träume wahr machst.
- Deine spirituellen Seiten verwirklichst.
- Dir Dein Recht auf Rausch nimmst, ohne Dich darin zu verlieren.

Einen unerlösten Umgang mit den Herausforderungen dieses Transits erkennst Du daran, daß Du

- Deinen Illusionen nachtrauerst.
- von Deinen Sehnsüchten begraben wirst.
- mit Deinen Süchten an Grenzen stößt, die Du nicht verkraftest.

Saturn-Pluto ***Das Ende der Welt***

Jetzt wird sich zeigen, wieviel Macht Du wirklich über Dein Leben hast. Stehe zu den Grenzen Deiner Einflußmöglichkeiten, ohne gleich in Ohnmacht zu fallen. Jetzt mußt Du Dich ernsthaft wandeln, damit Du nicht das Ende der Welt heraufziehen siehst. Bekenne Dich zu Deiner inneren Wahrheit, auch wenn dies einen harten Schlußstrich unter Dein bisheriges Leben bedeutet. Schrecke nicht davor zurück, Dich von allem zu verabschieden, was sich überlebt hat.

Einen erlösten Umgang mit den Herausforderungen dieses Transits erkennst Du daran, daß Du

- zu einem radikalen Neuanfang bereit bist, ohne das Kind mit dem Bade auszuschütten.
- alles ernst nimmst, was Du bislang verdrängt hast.
- Krisenfestigkeit beweist, ohne Dich an Altes zu klammern.

Einen unerlösten Umgang mit den Herausforderungen dieses Transits erkennst Du daran, daß Du

- Dein bisheriges Leben in Schutt und Asche legst, ohne als Phönix daraus emporzusteigen.
- am Boden zerstört bist, weil Du die Grenzen Deiner Macht nicht sehen wolltest.
- Angst vor allem hast, was Dich tiefgreifend wandeln könnte.

Chiron-Transite

Allgemeine Hinweise

Die Wunden des Lebens

Seit der Entdeckung von Chiron im Jahre 1977 hat sich zunehmend die Erkenntnis durchgesetzt, daß wir nicht mehr in einer heilen Welt leben. Unser Heimatplanet, die Erde, ist durch fortschreitende Eingriffe in ihr ökologisches Gleichgewicht ebenso verwundet wie wir Menschen, die diese Eingriffe zu verantworten haben. Weil auch wir unser inneres Gleichgewicht verloren haben, ist die derzeit boomende »Heilkunde« im wahrsten Sinne notwendig, um die Not zu wenden. Wir brauchen Botschafter, die uns helfen, heil zu werden bzw. mit unseren Wunden zu leben. Chiron ist ein solcher Botschafter, und seine Transite stellen Gelegenheiten dar, uns unserer Wunden anzunehmen, statt weiterhin »heile Welt« zu spielen.

Der Preis des Versehentlichen

Die Wunden und Verletzungen, die mit unserem Leben einhergehen, sind uns keineswegs immer aus bösen Absichten zugefügt worden. Auch Chiron wird laut mythologischen Überlieferungen »versehentlich« von einem vergifteten Pfeil des Herakles verwundet. Offensichtlich können wir es nicht vermeiden, vom Leben Wunden zugefügt zu bekommen. Sie stellen den Preis dar, den wir für unser Dasein auf diesem Planeten zu zahlen haben. Chiron-Transite erinnern uns an diesen Preis. Sie mahnen uns, daß wir niemanden für seine »Versehen« beschuldigen können, daß wir verwundbar sind und bestimmte Schwachstellen haben.

Auf den inneren Lehrer und Heiler hören

Der mythologische Chiron wird aufgrund seiner Wunde zu einem großen Lehrer und Heiler. Auch wir können durch die Beschäftigung und Auseinandersetzung mit unseren Wunden ein großes heilsames Potential entfalten. Chiron-Transite mahnen uns, auf unseren inneren Lehrer und Heiler zu hören, damit wir uns nicht aus Versehen noch mehr verletzen und uns neue Wunden zufügen.

Einzelgänger oder Heiler?

Mit unseren Schmerzen, die aus den Verletzungen und Wunden des Lebens resultieren, sind wir allein. Niemand kann sie uns abnehmen. Auch der mythologische Chiron war ein Einzelgänger, der abseits von der Horde der Kentauren in einer Höhle lebte. Erst durch seine Wunde wurde er zu einem großen Segen für die Menschheit, und er konnte sein heilsames Potential voll entfalten. Wenn wir uns unter Chiron-Transiten in unseren Schmerz vergraben, werden auch wir zu einsamen Einzelgängern. Wir können statt dessen aber auch unsere heilsamen Seiten entdecken und anderen helfen, ihren Schmerz zu lindern, indem wir ihnen zeigen, daß jeder Schmerz auch etwas Heilsames hat.

Unsterblichkeit

Die besondere Tragik im Leben des mythologischen Chiron bestand darin, daß er trotz seiner »tödlichen« Verletzung unsterblich war. Erst durch sein Erbarmen mit Prometheus, der an einen Felsen des Kaukasus gekettet unendliches Leid ertragen mußte, konnte Chiron sich und ihn erlösen. Chiron gab seine Unsterblichkeit zugunsten von Prometheus auf, so daß dieser in den Stand der Götter erhoben und damit vom Felsen befreit wurde, und Chiron an seiner Stelle sterben konnte. Unter Chiron-Transiten kann unser Traum von der Unsterblichkeit einem tiefen Erbarmen Platz machen, das uns unsere Sterblichkeit annehmen läßt und gleichzeitig anderen zu Erlösung verhilft.

Schlüsselerlebnisse

Unter Chiron-Transiten können wir Schlüsselerlebnisse haben, die uns zu einem Durchbruch in neue Dimensionen verhelfen. Wir können plötzlich alte Begrenzungen hinter uns lassen und zu neuen Ufern aufbrechen, ohne den Wert unserer bisherigen Erfahrungen leugnen zu müssen. Unter Chiron-Transiten können wir eine Brücke zwischen unserer Vergangenheit (Saturn) und unserer Zukunft (Uranus) schlagen, die wirklich tragfähig ist und beide Dimensionen unserer Existenz miteinander zu verbinden vermag.

Chiron-Zyklen

Chiron braucht insgesamt etwa 52 Jahre, um einmal durch den Tierkreis zu wandern. Er hält sich aufgrund seiner elliptischen Bahn zwischen knapp 2–7 Jahren in einem Tierkreiszeichen auf. Chiron-Transite durch die Häuser dauern je nach Hausgröße ca. 1–14 Jahre. Chiron-Transite zu den Radixplaneten sind je nach innerer Heilungsbereitschaft und dem Umgang mit den Wunden und Verletzungen des Lebens nur 1–3 Monate oder sogar 1 Jahr lang zu spüren.
Chiron wird alle 12 Monate für 5 Monate rückläufig. Sein Rückläufigkeitszyklus setzt durchschnittlich jeweils ca. 2–7 Tage später ein als im Jahr zuvor. Seine rückläufige Phase stellt eine Gelegenheit für innere Heilungsprozesse dar, anhand derer wir uns mit unseren Wunden und Verletzungen aussöhnen und den damit verbundenen Schmerz annehmen können.

Was bei Chiron-Transiten zu tun ist

Was die eigene Entwicklung unterstützt:
- sich die eigene Verletzlichkeit eingestehen,
- durch die Begegnung mit dem Schmerz heilsame Potentiale freisetzen,
- mit eigenen Wunden leben lernen,
- Heilsames für andere tun,
- auf den inneren Lehrer und Heiler hören.

Was die eigene Entwicklung hemmt:
- sich unverwundbar geben,
- Isolation und Einzelgängertum,
- anderen mit dem eigenen Leid Schmerz zufügen,
- zwanghaftes Aufreißen alter Wunden,
- die eigenen Schmerzen verleugnen.

Chiron-Transite durch die Häuser

Chiron im 1. Haus ***Sichtbare Wunden***

Jetzt wird es Zeit, Deine Verletzlichkeit nicht länger zu verstecken und anderen Deine Wunden zu zeigen. Du kannst jetzt große Heilerqualitäten unmittelbar zum Ausdruck bringen, wenn Du den Schmerz, der aus Deinem Unzulänglichkeitsgefühl in bezug auf Deine äußere und körperliche Erscheinung resultiert, anzunehmen lernst und offen damit umgehst. Achte darauf, daß Du andere mit Deinem Auftreten nicht verletzt, nur weil Du mit Deiner eigenen Verwundbarkeit nicht im reinen bist.

Einen erlösten Umgang mit den Herausforderungen dieses Transits erkennst Du daran, daß Du
- heilsame Qualitäten verkörperst und sie spontan ausdrückst.
- mit der Unvollkommenheit Deiner äußeren Erscheinung zu leben lernst.
- Deine offensichtlichen Wunden nicht länger zu verbergen suchst.

Einen unerlösten Umgang mit den Herausforderungen dieses Transits erkennst Du daran, daß Du
- schüchtern und scheu auftrittst, weil Du Dich sehr verletzlich fühlst.
- an Deiner Daseinsberechtigung zweifelst.
- nur noch Deine animalischen Instinkte verkörperst.

Chiron im 2. Haus ***Verwundeter Selbstwert***

Jetzt mußt Du Dich den Wunden und Verletzungen in bezug auf Dein Selbstwertgefühl stellen. Wenn Du Dir selbst nichts wert bist, weil Du Dich für unvollkommen oder mit großen Fehlern behaftet hältst, dann wird es Zeit, Dein heilsames Potential zu erkennen und Dich dafür wertzuschätzen. Nutze Deine materiellen und psychischen Ressourcen, um Dir selbst zu Heilungsprozessen zu verhelfen.

Einen erlösten Umgang mit den Herausforderungen dieses Transits erkennst Du daran, daß Du

- trotz Deiner Fehler und Schwächen über ein gesundes Selbstwertgefühl verfügst.
- Dein Geld für heilsame Zwecke einsetzt.
- Dir der Vergänglichkeit Deiner Werte bewußt wirst.

Einen unerlösten Umgang mit den Herausforderungen dieses Transits erkennst Du daran, daß Du

- Dich ständig in Deinem Selbstwertgefühl verletzt fühlst.
- zu schwach dafür bist, Dein persönliches Revier zu schützen.
- Deinen Geldmangel als Erniedrigung empfindest.

Chiron im 3. Haus ***Schmerzhafte Kontakte***

Jetzt können Dir die Schmerzen bewußt werden, die sich aus Deinem täglichen Umgang mit anderen ergeben. Vielleicht fällt es Dir schwer, Dich den Menschen in Deiner Umgebung gegenüber so auszudrücken, wie es Dir entspricht. Nun kannst Du Dich mit dem daraus entstehenden Schmerz aussöhnen, damit Du Dich in Deinen täglichen Kontakten auch von Deiner verletzlichen Seite zeigen kannst.

Einen erlösten Umgang mit den Herausforderungen dieses Transits erkennst Du daran, daß Du

- Dich damit aussöhnst, nie alles über die Welt um Dich herum in Erfahrung bringen zu können.
- Verletzungen vermeidest, die durch einen unsensiblen Austausch mit anderen entstehen können.
- im Umgang mit anderen auch Deine Schwächen zeigst.

Einen unerlösten Umgang mit den Herausforderungen dieses Transits erkennst Du daran, daß Du

- im Austausch mit Deiner unmittelbaren Umgebung Unzulänglichkeitsgefühle hast.
- Dich von Deinen Geschwistern und Verwandten verletzt fühlst.
- Dein Kommunikationsverhalten als wunden Punkt empfindest.

Chiron im 4. Haus ***Schmerzhafte Kindheitserinnerungen***

Jetzt können Dir schmerzhafte Erfahrungen aus Deiner Kindheit mitsamt ihren Folgen für Dein bisheriges Leben bewußt werden. Du kommst jetzt nicht umhin, die Unvollkommenheiten und Schwächen deiner Eltern zu akzeptieren und sie ihnen zu verzeihen. Niemand kommt aus einer heilen Familie, weil alle Eltern Fehler an ihren Kindern begehen. Versöhne Dich mit den Wunden Deiner Kindheit, damit Du jetzt Dir selbst und Deiner Familie ein Zuhause schaffen kannst, das heilsam für alle Beteiligten ist.

Einen erlösten Umgang mit den Herausforderungen dieses Transits erkennst Du daran, daß Du

- Dich Deinen schmerzhaften Kindheitserfahrungen stellst, um heil zu werden.
- Dich mit Deiner Familie aussöhnst.
- Deine Herkunft nicht länger für Dein Schicksal verantwortlich machst.

Einen unerlösten Umgang mit den Herausforderungen dieses Transits erkennst Du daran, daß Du

- Deine Herkunft als wunden Punkt in Deinem Leben empfindest.
- nirgends einen Platz findest, an dem Du Dich geborgen fühlst.
- Deine Eltern wegen ihrer Unvollkommenheiten und Fehler anklagst.

Chiron im 5. Haus ***Spaßverderber***

Jetzt mußt Du Dich den Wunden stellen, die daraus resultieren, daß Du keinen Spaß vertragen kannst, weil Du Dich nicht selbst schöpferisch und kreativ auszudrücken vermagst. Auch wenn Du als Kind nicht genug spielen durftest, so kannst Du doch jetzt ein schöpferischer und künstlerischer Mensch sein. Bringe Deine Originalität zum Ausdruck, auch wenn es heutzutage schwer ist, ein wirkliches Original zu sein.

Einen erlösten Umgang mit den Herausforderungen dieses Transits erkennst Du daran, daß Du

- Dich kreativ und schöpferisch audrückst, auch wenn Du kein großer Künstler bist.
- es wieder lernst, Spaß und Freude am Leben zu haben.
- auf eine heilsame Art und Weise mit Kindern umgehst.

Einen unerlösten Umgang mit den Herausforderungen dieses Transits erkennst Du daran, daß Du
- Dich immer noch als unerwünschtes Kind betrachtest.
- in Deinem schöpferischen Selbstausdruck leicht zu verletzen bist.
- anderen den Spaß verdirbst, weil Du selbst nicht lustig sein kannst.

Chiron im 6. Haus ***Heilsame Dienste***

Jetzt kannst Du Dir der Wunden bewußt werden, die aus einem falschen und krankmachenden Lebensrhythmus resultieren. Mache aus Deiner Arbeit einen heilsamen Dienst am Nächsten. Kümmere Dich mehr um Deine Gesundheit, und ernähre Dich auf eine Weise, die Dir gut tut.

Einen erlösten Umgang mit den Herausforderungen dieses Transits erkennst Du daran, daß Du
- Deinen Lebensrhythmus änderst, um heil zu werden.
- für alternative Heilverfahren offen bist.
- eine heilende Tätigkeit aufnimmst.

Einen unerlösten Umgang mit den Herausforderungen dieses Transits erkennst Du daran, daß Du
- Dich durch Deinen Lebensalltag immer wieder selbst verletzt.
- keinen gesunden Lebensrhythmus für Dich findest.
- Dich mit Deiner Arbeit krank machst.

Chiron im 7. Haus ***Heilsame Begegnungen***

Jetzt kannst Du in den Fehlern Deiner Partner Deine eigenen Unzulänglichkeiten erkennen. Keine Beziehung ist vollkommen, auch wenn Dich diese Einsicht nun besonders schmerzt. Jedes vermeintliche Versagen Deines Partners spiegelt Dir letztendlich nur Deine eigenen Unvollkommenheiten wider. Stelle Dich den schmerzhaften Erfahrungen, die Du in Deinen bisherigen Beziehungen gemacht hast, damit Du anderen jetzt auf eine heilsame Weise begegnen kannst.

Einen erlösten Umgang mit den Herausforderungen dieses Transits erkennst Du daran, daß Du
- heilsame Begegnungen hast.
- es zulassen kannst, in Deinen Beziehungen Deine verletzten Seiten zu erkennen.
- mit der Unvollkommenheit anderer leben kannst.

Einen unerlösten Umgang mit den Herausforderungen dieses Transits erkennst Du daran, daß Du
- Dich durch deine Beziehungen immer wieder selbst verletzt.
- Deine Partner für Deine eigenen Fehler und Schwächen verantwortlich machst.
- zu einem beziehungsunfähigen Einzelgänger wirst.

Chiron im 8. Haus ***Verwundete Sexualität***

Jetzt kannst Du die Wunden erkennen, die aus der Intimität und tiefen Verbundenheit mit anderen Menschen resultieren. Vielleicht mußt Du lernen, auch in Deinen tiefen Beziehungen bzw. in Deiner Ehe wieder Du selbst zu sein. Jetzt kann Dir schmerzhaft bewußt werden, daß Du niemals vollständig eins mit einem anderen werden kannst. Akzeptiere dieses Gefühl des Getrenntseins, auch im Bereich tiefster Sexualität, damit Du Dich von Deinen daraus resultierenden Wunden heilen kannst.

Einen erlösten Umgang mit den Herausforderungen dieses Transits erkennst Du daran, daß Du
- Dich mit Deiner Sterblichkeit aussöhnst.
- Dich notwendigen Krisen stellst, auch wenn sie schmerzhaft sind.
- Deine Sexualität auf eine Weise lebst, die heilsam für Dich und andere ist.

Einen unerlösten Umgang mit den Herausforderungen dieses Transits erkennst Du daran, daß Du
- Dir in Deinen sexuellen Beziehungen ständig neue Wunden zufügst.

– von deiner Unsterblichkeit überzeugt bist.
– Dich mit Deiner Angst vor Krisen selbst verletzt.

Chiron im 9. Haus ***Wunderglaube***

Jetzt mußt Du Dich den Schmerzen und Verletzungen stellen, die sich daraus ergeben, daß Du Deinem Leben keine oder eine nur unzureichende Perspektive zu geben vermagst. Vielleicht entpuppt sich Dein bisheriger Lebenssinn als wirkungsloses Surrogat, mit dem Du Dich bislang um das Gefühl tiefer Erfüllung und Sinnhaftigkeit betrogen hast. Versöhne Dich mit den Wunden, die Deine bisherigen Glaubensüberzeugungen in Dir hinterlassen haben, damit Du Deinem Leben eine Perspektive geben kannst, die heilsam für Dich ist.

Einen erlösten Umgang mit den Herausforderungen dieses Transits erkennst Du daran, daß Du
– Deine Visionen anderen auf eine Weise vermittelst, die nicht verletzend für sie ist.
– eine Lebensphilosophie entwickelst, die Deine Wunden heilt.
– Lebensperspektiven hast, die heilsam für andere sind.

Einen unerlösten Umgang mit den Herausforderungen dieses Transits erkennst Du daran, daß Du
– Dich mit Deinen Glaubensüberzeugungen selbst verletzt.
– keinen Zweifel an Deinen Standpunkten zulassen kannst.
– darunter leidest, daß Dir eine sinnvolle Lebensperspektive fehlt.

Chiron im 10. Haus ***Schmerzhafte Berufung***

Jetzt mußt Du Dich den Schmerzen stellen, die daraus resultieren, daß Du Deine wahre Berufung bislang noch nicht gefunden oder gelebt hast. Vielleicht glaubst Du immer noch, die Gesellschaft sei nicht reif für Deinen inneren Auftrag oder sie verweigere Dir den Status, den Du zu deiner Entfaltung bräuchtest. Jetzt kannst Du Dich mit den damit zusammenhängenden Wunden aussöhnen, damit Du Dein heilsames Potential in der Öffentlichkeit zur Geltung bringen kannst

Einen erlösten Umgang mit den Herausforderungen dieses Transits erkennst Du daran, daß Du
- Deinen gesellschaftlichen Status auf heilsame Weise zu nutzen weißt.
- Deiner inneren Berufung folgst, auch wenn es schmerzhaft für Dich ist.
- innerhalb der Gesellschaft heilend tätig wirst.

Einen unerlösten Umgang mit den Herausforderungen dieses Transits erkennst Du daran, daß Du
- Dich aufgrund Deiner Verletzlichkeit nicht zu Deiner gesellschaftlichen Verantwortung bekennst.
- Deine innere Berufung als wunden Punkt empfindest.
- Dich mit Deinem Karrierestreben selbst verletzt.

Chiron im 11. Haus ***Gruppenheilung***

In Deinen Beziehungen zu Freunden und Gleichgesinnten kommst Du jetzt mit Deinen wunden Punkten in Berührung. Vielleicht hast Du Deine Individualität geopfert, um einer bestimmten Gruppe oder einem Freundeskreis anzugehören. Jetzt kannst Du Dich den damit verbundenen Verletzungen stellen und zu Deiner wahren Individualität zurückfinden. Werde Dir des Schmerzes bewußt, daß Du alleine nicht glücklich werden und übergeordnete Ziele nur gemeinsam mit anderen erreichen kannst.

Einen erlösten Umgang mit den Herausforderungen dieses Transits erkennst Du daran, daß Du
- auf heilsame Weise mit Gleichgesinnten und Freunden umgehst.
- Dich auch in Gruppen zu Deinen Wunden bekennst.
- mit anderen zusammenarbeitest, ohne Deine oder deren Individualität zu verletzen.

Einen unerlösten Umgang mit den Herausforderungen dieses Transits erkennst Du daran, daß Du
- immer wieder schmerzhafte Gruppenerfahrungen machst.
- unter Deinem Freundeskreis leidest.
- Dein Heil bei Gleichgesinnten suchst.

Chiron im 12. Haus ***Heilsamer Rückzug***

Jetzt kann es heilsam für Dich sein, Dich zurückzuziehen, um Deine bislang verborgen gebliebenen Wunden und Verletzungen zu pflegen. Alte und längst vergessen geglaubte Schmerzen aus früheren Lebensphasen tauchen nun aus Deinem Unterbewußtsein auf, damit Du sie heilen und Dich von ihnen erlösen kannst.

Einen erlösten Umgang mit den Herausforderungen dieses Transits erkennst Du daran, daß Du

- in der Abgeschiedenheit heilsame Erfahrungen machst.
- Dich mit Deinem Alleinsein aussöhnst.
- durch die Kraft der Stille zu Deiner Mitte findest und Dich dadurch heilen kannst.

Einen unerlösten Umgang mit den Herausforderungen dieses Transits erkennst Du daran, daß Du

- Dich mit unbewußten Verhaltensmustern selbst verletzt.
- unter Deiner Einsamkeit leidest.
- im totalen Rückzug von der Welt Dein Heil suchst.

Chiron-Transite zu den Planeten

Chiron-Sonne ***Selbstheilung***

Jetzt können Dir die Wunden bewußt werden, die daraus resultieren, daß Du nicht oder nur teilweise Du selbst sein kannst. Wenn Du Dir Deiner Identität nicht vollständig bewußt bist, dann kann es nun verletzend für Dich sein, von anderen nicht ganz ernst genommen zu werden oder nicht die Anerkennung zu erfahren, die Du Dir erhoffst. Jetzt kannst Du dadurch heil werden, daß Du Dich voll und ganz zu Deinem Wesen und zu deiner Persönlichkeit bekennst.

Einen erlösten Umgang mit den Herausforderungen dieses Transits erkennst Du daran, daß Du

- Dir der verletzten Seiten Deiner Persönlichkeit bewußt wirst.
- Dein Selbst dadurch heilst, daß Du zu Deinen Schwächen stehst.
- Dich mit Dir selbst aussöhnst.

Einen unerlösten Umgang mit den Herausforderungen dieses Transits erkennst Du daran, daß Du
- Dich dadurch verletzt, daß Du nicht ehrlich zu Dir selbst bist.
- nicht akzeptieren kannst, daß auch Dein Selbstbild sich verändern muß.
- Dir Deine Unvollkommenheit nicht eingestehen kannst.

Chiron-Mond ***Verletzte Gefühle***

Jetzt kann Dir schmerzhaft bewußt werden, daß das Zeigen von Gefühlen verletzlich und verwundbar macht. Auch alte Verletzungen, die aus Deiner frühen Kindheit und Deinem Verhältnis zu Deiner Mutter stammen, können sich jetzt als Achillesferse erweisen und den freien Ausdruck Deines emotionalen Erlebens hemmen. Söhne Dich damit aus, damit Deine Seele heil werden kann und Du fähig wirst, auch andere seelisch zu nähren und emotional zu unterstützen.

Einen erlösten Umgang mit den Herausforderungen dieses Transits erkennst Du daran, daß Du
- Dir Deiner Gefühle schmerzlich bewußt wirst.
- heilsam mit Deiner emotionalen Verletzlichkeit umgehst.
- Dich mit Deinen bedürftigen Seiten aussöhnst.

Einen unerlösten Umgang mit den Herausforderungen dieses Transits erkennst Du daran, daß Du
- Dich seelisch von anderen isolierst, weil Du nicht zu Deinen Gefühlen stehen kannst.
- jedes Gefühl meidest, das Dich verletzen könnte.
- Deine seelische Bedürftigkeit als wunden Punkt betrachtest.

Chiron-Merkur ***Schmerzhafte Worte***

Jetzt kann Dir schmerzhaft bewußt werden, daß Du doch nicht so schlau und clever bist, wie Du immer dachtest. Auch wenn Du noch so intelligent bist, Du kannst nie alles wissen. Versöhne Dich mit diesen Wunden, damit Du Deine Gedanken dennoch frei ausdrücken und offen mit anderen kommunizieren kannst. Auch wenn Du manchmal den Eindruck hast, mit dem, was Du sagst, dumm dazustehen, mußt Du nun nicht in tiefes Schweigen verfallen und Dich anderen intellektuell unterlegen fühlen.

Einen erlösten Umgang mit den Herausforderungen dieses Transits erkennst Du daran, daß Du
- sagst, was Du denkst, auch wenn es nicht immer druckreif ist.
- nicht länger an Deinem Verstand zweifelst, sondern zu Deinen Wahrnehmungen stehst.
- Dich von Deinen intellektuellen Minderwertigkeitsgefühlen heilst.

Einen unerlösten Umgang mit den Herausforderungen dieses Transits erkennst Du daran, daß Du
- Dich mit Deinen Gedanken immer wieder selbst verletzt.
- nur noch Schmerzhaftes sagst bzw. zu hören kriegst.
- an Deinen intellektuellen Fähigkeiten zweifelst.

Chiron-Venus ***Die Wunden der Liebe***

Jetzt kannst Du nicht länger leugnen, daß die Liebe Wunden schlagen kann. Lasse es zu, durch Deine Liebesbeziehungen mit Deinen verletzlichen Seiten in Kontakt zu kommen. Isoliere Dich nicht dadurch, daß Du nicht vollkommen lieben kannst. Bringe statt dessen auch dann Deine Liebe zum Ausdruck, wenn Du Dich dadurch verletzlich und verwundbar fühlst. Auch wenn Dir die Liebe immer wieder Schmerzen bereitet hat, kannst Du durch sie nun heil und ganz werden.

Einen erlösten Umgang mit den Herausforderungen dieses Transits erkennst Du daran, daß Du
- Dich durch die Liebe heilen läßt.
- Dich trotz Deiner Fehler liebenswert findest.
- Dich nicht länger wehrlos fühlst, wenn Du Deine Liebe zeigst.

Einen unerlösten Umgang mit den Herausforderungen dieses Transits erkennst Du daran, daß Du
- Dich nicht schön genug findest, um geliebt zu werden.
- keine Zuwendung annehmen kannst, weil Du Dich für unzulänglich hältst.
- Dir durch Deine Liebesbeziehungen immer wieder Schmerzen zufügst.

Chiron-Mars ***Heilsame Kräfte***

Jetzt wird es Zeit, Dich dem Schmerz Deiner bislang unterdrückten Wut und Aggression zu stellen. Du kannst im Leben nicht alles erreichen, was Du Dir vorgenommen hast. Versöhne Dich mit dieser Wunde, damit Du weiterhin Deinen Mann bzw. Deine Frau stehen kannst. Handle so, daß Du Dir dabei auch Deiner verletzlichen Seiten bewußt bist, und füge niemandem einen Schaden zu, den Du selbst nicht ertragen kannst.

Einen erlösten Umgang mit den Herausforderungen dieses Transits erkennst Du daran, daß Du
– heilsame Kräfte freisetzt.
– auch Schwäche zeigen kannst, ohne Dich minderwertig zu fühlen.
– Dich damit aussöhnst, nicht Herkules zu sein.

Einen unerlösten Umgang mit den Herausforderungen dieses Transits erkennst Du daran, daß Du
– Dich wegen Deiner Verletzlichkeit nicht selbst zu behaupten vermagst.
– vor lauter Schmerz in Wut ausbrichst.
– weiterhin den starken Mann markierst, auch als Frau.

Chiron-Jupiter ***Wachstumsschmerzen***

Jetzt mußt Du erkennen, daß Du mit Deiner inneren Zuversicht die Welt nicht aus den Angeln heben kannst. Auch ein noch so starker Glaube kann nicht jeden Berg versetzen. Akzeptiere, daß Deine Möglichkeiten nicht grenzenlos sind, damit Du heil werden kannst. Um innerlich wachsen zu können, mußt Du alte Begrenzungen hinter Dir lassen, und das kann jetzt schmerzhaft für Dich sein. Verliere auch dann nicht Deine Zuversicht, wenn es weniger optimal läuft, als Du Dir erhofft hast.

Einen erlösten Umgang mit den Herausforderungen dieses Transits erkennst Du daran, daß Du
– erkennst, daß Dein innerer Glaube verwundbar ist.
– eine heilsame Zuversicht ausstrahlst.
– Deinen Optimismus auch dann nicht verlierst, wenn er enttäuscht wird.

Einen unerlösten Umgang mit den Herausforderungen dieses Transits erkennst Du daran, daß Du
- darunter leidest, nicht jeden von dem überzeugen zu können, woran Du glaubst.
- mit Deiner Selbstgerechtigkeit andere verletzt.
- Deine Hoffnungen begräbst, weil Du kein Selbstvertrauen mehr hast.

Chiron-Saturn ***Schmerzhafte Begrenzungen***

Jetzt mußt Du Dich dem Schmerz der Verantwortung stellen und Dich mit den Begrenzungen Deines Daseins aussöhnen. Jede Form von Sicherheit und Stabilität hat ihren Preis. Vielleicht bist Du zu starr geworden und hältst an überholten Sicherheiten fest, die Dich einschränken, statt Dich zu stützen. Versöhne Dich mit diesen Wunden, damit Du verantwortungsbewußter mit Deinem Leben umgehen kannst und nicht ständig Deine Grenzen und die anderer verletzen mußt.

Einen erlösten Umgang mit den Herausforderungen dieses Transits erkennst Du daran, daß Du
- Dich auf heilsame Weise von anderen abgrenzen kannst.
- Dich mit dem Ernst des Lebens aussöhnst.
- Deiner Verantwortung gerecht wirst, ohne andere zu verletzen.

Einen unerlösten Umgang mit den Herausforderungen dieses Transits erkennst Du daran, daß Du
- Deine Ernsthaftigkeit als wunden Punkt empfindest.
- Dir auf schmerzhafte Weise Deiner Grenzen bewußt werden mußt.
- Dich zum Gefangenen Deiner Sicherheitsbedürfnisse machst.

Chiron-Chiron ***Initiationserlebnis***

Jeder Übergang in einen neuen Lebensabschnitt bedarf einer Initiation. Unsere Kultur ist jedoch arm an solchen Riten des Übergangs. Jetzt kannst Du Dir der Wunden bewußt werden, die aus Übergangsphasen wie dem Eintritt ins Schulalter, in die Pubertät oder in die Erwachsenenwelt resultieren. Akzeptiere den Schmerz, auf diese Übergänge nicht richtig vorbereitet worden zu sein und dadurch Verletzungen erlitten zu haben, die Dich bis heute begleiten. Stelle Dich der Notwendigkeit von heilsamen Initiationsriten in Deinem Leben, damit Du mit Phasen des Übergangs von einem Lebensabschnitt zum nächsten besser umgehen kannst.

Einen erlösten Umgang mit den Herausforderungen dieses Transits erkennst Du daran, daß Du
- Dir heilsame Übergangsrituale in neue Lebensabschnitte schaffst.
- Dich mit dem Schmerz von harten Initiationserlebnissen aussöhnst.
- Deine wunden Punkte in Demut annimmst.

Einen unerlösten Umgang mit den Herausforderungen dieses Transits erkennst Du daran, daß Du
- jeden Schmerz leugnest, der Dir zugefügt wurde.
- gesellschaftliche Rituale lächerlich machst.
- Dir Deine Verletzlichkeit nicht eingestehst.

(Hinweis: Aufgrund seiner extrem elliptischen Umlaufbahn treten markante Aspekte zwischen dem transitierenden Chiron und seiner Radixstellung bei jeder Generation zu unterschiedlichen Zeitpunkten im Leben auf. Manche Generationen erleben das erste Chiron/Chiron-Quadrat schon vor dem Eintritt ins Schulalter, andere erst mit ihrem Eintritt ins Erwachsenenleben. Die mit Chiron/Chiron-Transiten einhergehenden Initiationserlebnisse haben daher für jede Generation eine andere Färbung, ebenso die daraus resultierenden schmerzhaften Erfahrungen des Übergangs von einem Lebensabschnitt zum nächsten.)

Chiron-Uranus ***Der Preis der Freiheit***

Jede Revolution frißt ihre eigenen Kinder. Jetzt mußt Du Dich den Schmerzen stellen, die aus den Befreiungsversuchen in Deinem Leben resultieren. Jeder Wunsch nach Freiheit und Unabhängigkeit hat seinen Preis, den Du jetzt bezahlen mußt. Erkenne, aus welchen inneren Verletzungen heraus Du gegen die äußere Ordnung rebellierst, und heile Dich von dem Zwang, anders als andere sein zu müssen.

Einen erlösten Umgang mit den Herausforderungen dieses Transits erkennst Du daran, daß Du

- Dich mit dem Schmerz aussöhnst, den Dich Deine Unabhängigkeit kostet.
- Deine Freiheit lebst, ohne andere zu verletzen.
- auf heilsame Weise Dein Anderssein lebst.

Einen unerlösten Umgang mit den Herausforderungen dieses Transits erkennst Du daran, daß Du

- Dich durch plötzliche Umstürze selbst verletzt.
- unter Deiner Unangepaßtheit leidest.
- zum isolierten Einzelgänger wirst.

Chiron-Neptun *Heilsame Träume*

Jetzt werden Dir schmerzhaft alle Sehnsüchte bewußt, die Du bislang nicht verwirklichen konntest. Du mußt Dir jetzt eingestehen, daß nicht jede Deiner Visionen von einer heilen Welt lebbar ist. Versöhne Dich daher mit Deinen ungelebten Träumen, damit Du innerlich heil werden kannst, und lindere Deinen Schmerz mit solchen Visionen, die Deine spirituelle Sehnsucht stillen.

Einen erlösten Umgang mit den Herausforderungen dieses Transits erkennst Du daran, daß Du

- Dich der heilsamen Kraft Deiner Träume öffnest.
- erkennst, wo Du durch Deine Sehnsüchte verwundbar bist.
- andere durch Dein Mitgefühl heilst.

Einen unerlösten Umgang mit den Herausforderungen dieses Transits erkennst Du daran, daß Du

- unter Deinen Sehnsüchten leidest.
- der schmerzlichen Realität zu entfliehen versuchst.
- Dir mit Deinem Suchtverhalten unheilbare Wunden zufügst.

Chiron-Pluto *Schmerzhafte Verluste*

Jetzt werden Dir die schmerzhaften Seiten Deiner Macht bzw. Ohnmacht bewußt. Erkenne, wo Du Dich selbst verletzt, indem Du Dich anderen auslieferst. Auch die dunklen Seiten Deines Wesens können sich jetzt als wunde Punkte entpuppen, an denen

Du leidest, weil Du sie nicht in Deine Persönlichkeit integrieren kannst. Akzeptiere die Notwendigkeit von schmerzhaften Verlusterfahrungen, damit Du Dich wandeln und läutern kannst.

Einen erlösten Umgang mit den Herausforderungen dieses Transits erkennst Du daran, daß Du
- auf heilsame Weise mit Deiner Macht umgehst.
- Dich mit schmerzhaften Verlusterfahrungen aussöhnst.
- das heilsame Potential Deiner dunklen Seiten erkennst.

Einen unerlösten Umgang mit den Herausforderungen dieses Transits erkennst Du daran, daß Du
- unter Deinen vermeintlich schlechten Seiten leidest.
- Dich mit Deinen inneren Dämonen selbst verletzt.
- aus Deiner inneren Verletzlichkeit heraus Machtkämpfe vom Zaun brichst.

Uranus-Transite

Allgemeine Hinweise

Freier und unabhängiger werden
Damit wir nicht zum Sklaven unserer selbst werden und ein Leben in Abhängigkeit und Unfreiheit führen, laden uns Uranus-Transite dazu ein, unsere innere Autonomie zu stärken und unsere Originalität zu leben. Sie lassen uns den Ruf der Freiheit und Ungebundenheit vernehmen, damit wir ein selbstbestimmtes Leben führen und uns auch außerhalb der gängigen Norm bewegen können.

Sich überraschen lassen
Uranus-Transite halten Überraschungen für uns bereit, die daraus resultieren, daß wir plötzlich Zusammenhänge erkennen, die uns bislang verborgen geblieben sind. Wir können diese Transite nutzen, um mehr Überblick zu gewinnen und das Leben mit anderen Augen zu sehen. Sie reißen uns oft mitten aus dem Leben, damit wir Abstand finden und über den Dingen stehen können. Wenn wir uns jedoch zwanghaft über die Dinge stellen, bescheren uns Uranus-Transite neben Wadenkrämpfen das Gefühl tiefer Isolation und Getrenntheit vom Strom des Lebens.

Neue Fehler machen
Unter Uranus-Transiten kommen wir in unserer Entwicklung nur dann weiter, wenn wir bereit sind, neue Fehler zu machen statt ständig die alten zu wiederholen. Wenn wir keine Abwechslung in unser Leben bringen, bleiben uns neue Einsichten verschlossen, und wir rebellieren zwanghaft gegen bestehende Strukturen, weil uns die Perspektive für einen Neuanfang fehlt. Uranus-Transite testen unsere Flexibilität und Bereitschaft, Neues zu wagen und zu unbekannten Ufern aufzubrechen.

Rebellisches Potential leben

Wir haben alle unsere unangepaßten Seiten, die nicht der Norm entsprechen oder in gewisser Weise aus dem Rahmen fallen. Statt diese Seiten als verrückt abzustempeln, sollten wir sie nutzen, uns an den Platz zu verrücken, der unserer Eigenart entspricht. Unsere Macken mögen anderen auf die Nerven gehen, sie machen uns jedoch zu einmaligen und unverwechselbaren Individuen. Nur wenn wir dazu bereit sind, unser rebellisches und unangepaßtes Potential zu leben, können wir unter Uranus-Transiten Fehlanpassungen abbauen und unsere Genialität befreien.

Durchbrüche

Uranus-Transite gehen mit Lebensphasen einher, in denen wir zu großen Durchbrüchen fähig sind. Wenn wir auf unsere innere Veränderungsbereitschaft hören, dann bleiben uns manche unliebsamen Überraschungen erspart, die daraus resultieren, daß wir an alten Sicherheiten festhalten, die unsere Entwicklung blockieren. Wenn wir unter Uranus-Transiten statt Durchbrüchen nur Zusammenbrüche erleben, dann wird es Zeit, dem Kind der Freiheit in uns die Hand zu reichen, statt es ständig mit unserem Sicherheitsdenken zu ohrfeigen.

Die andere Seite der Medaille kennenlernen

Uranus-Transite gehen oft mit paradoxem Verhalten einher, weil sie uns die andere Seite der Medaille zeigen. Wir können sie dazu nutzen, unsere ungelebten Potentiale zu befreien, was starke Veränderungen in unserer bisherigen Lebensführung auslösen kann. Wenn wir uns in einem bestimmten Lebensbereich bislang zwanghaft anders als andere verhalten haben, dann können wir uns unter Uranus-Transiten plötzlich gelassen der Norm entsprechend verhalten. Wo wir krampfhaft rebellisch waren, passen wir uns plötzlich an, wo wir zu normal und übermäßig angepaßt waren, flippen wir plötzlich aus und stellen uns jenseits der Norm. Ob wir also unter Uranus-Transiten normal oder verrückt werden, hängt ganz davon ab, wie für uns die andere Seite der Medaille aussieht. Auch wenn uns ihr Anblick überraschen mag, unter Uranus-Transiten kommen wir nicht umhin, das Leben aus einem neuen Blickwinkel zu sehen.

Uranus-Zyklen

Uranus braucht insgesamt etwa 84 Jahre, um einmal durch den Tierkreis zu wandern. Er hält sich durchschnittlich 7 Jahre in einem Tierkreiszeichen auf. Uranus-Transite durch die Häuser dauern je nach Hausgröße ca. 3–14 Jahre. Uranus-Transite zu den Radixplaneten sind je nach individueller Freiheit und Unabhängigkeit sowie innerer Erneuerungsbereitschaft nur einige Wochen oder sogar 6–12 Monate lang zu spüren, bei rückläufigen Phasen auch bis zu 18 Monaten lang.

Uranus wird alle 12 Monate für 5 Monate rückläufig. Sein Rückläufigkeitszyklus setzt jedes Jahr ca. 4 Tage später ein als im Jahr zuvor. Seine rückläufige Phase stellt eine Gelegenheit dar, innerlich freier und unabhängiger zu werden und sich auf die damit einhergehenden Veränderungen vorzubereiten.

Was bei Uranus-Transiten zu tun ist

Was die eigene Entwicklung unterstützt:
- innerlich freier und unabhängiger werden,
- sich überraschen lassen,
- mehr Abstand gewinnen und dadurch den Überblick bewahren,
- Mut, sich aufzulehnen und aus dem Rahmen zu fallen,
- Lust auf Neues und Unbekanntes,
- Streben nach Autonomie.

Was die eigene Entwicklung hemmt:
- Angst vor der Freiheit,
- Übersprungsverhalten,
- blinde Rebellion,
- Zwang, anders sein zu müssen,
- notwendigen Erneuerungen ausweichen,
- Höhepunkten nachjagen.

Uranus-Transite durch die Häuser

Uranus im 1. Haus ***Neue Haut***

Jetzt wird es Zeit, in eine neue Haut zu schlüpfen. Du mußt Dir nicht gleich die Haare grün färben, um anderen Deine unkonventionellen Seiten zu zeigen. Bringe Deine Autonomie so zum Ausdruck, daß Du nicht zwanghaft anders als andere auftreten mußt. Du kannst jetzt bei anderen einen guten Eindruck hinterlassen, indem Du hinter Deiner äußeren Erscheinung Deine Originalität durchschimmern läßt.

Einen erlösten Umgang mit den Herausforderungen dieses Transits erkennst Du daran, daß Du
– innere Autonomie und Unabhängigkeit verkörperst.
– Abstand halten kannst, ohne kalt und distanziert zu wirken.
– Dich von den Bildern befreist, die andere von Dir haben.

Einen unerlösten Umgang mit den Herausforderungen dieses Transits erkennst Du daran, daß Du
– ständig aus Deiner Haut fahren könntest.
– wie ein Hippie rumläufst, statt auf Deine Weise Deine Unkonventionalität zu zeigen.
– überall den Clown spielst, um aufzufallen.

Uranus im 2. Haus ***Werteverschiebung***

Jetzt treten neue Werte in Dein Leben. Versuche, Deine Besitzstände mit anderen Augen zu sehen und innerlich freier mit ihnen umzugehen. Du mußt jetzt nicht Dein ganzes Geld loswerden, um Dir Deine Unabhängigkeit zu beweisen. Mache Dich unabhängiger von den Bewertungen anderer, damit Du zu Deinem individuellen Selbstwert finden kannst. Erkaufe Dir jedoch keine Freiheiten, die Dich teuer zu stehen kommen. Investiere statt dessen in Deine Zukunft und kaufe Dir Dinge, die Dich freier leben lassen.

Einen erlösten Umgang mit den Herausforderungen dieses Transits erkennst Du daran, daß Du
– in Deine Unabhängigkeit investierst.

– Dich von überkommenen Werten befreist.
– über ein freies und unabhängiges Selbstwertgefühl verfügst.

Einen unerlösten Umgang mit den Herausforderungen dieses Transits erkennst Du daran, daß Du
– Dir überraschend viel oder unerwartet wenig wert bist.
– ständig über Deinen Kontostand überrascht bist.
– glaubst, Dir Deine Freiheit erkaufen zu können.

Uranus im 3. Haus ***Neues lernen***

Jetzt wird es Zeit, nicht länger nur das zu sagen, was Deine Umgebung von Dir erwartet. Glaube jedoch nicht, nur deshalb jemand Besonderes zu sein, weil Dich keiner mehr versteht. Überrasche Deine unmittelbare Umgebung mit Deinen unkonventionellen Seiten, aber gebärde Dich Deinen Nachbarn gegenüber nicht wie ein Außerirdischer. Du kannst jetzt viel Neues lernen, wenn Du insgesamt mobiler wirst. Nutze neue Technologien, um in Deiner Umgebung besser zurechtzukommen.

Einen erlösten Umgang mit den Herausforderungen dieses Transits erkennst Du daran, daß Du
– blitzschnell auf Veränderungen in Deiner Umgebung reagierst.
– Dir neues, alltagstaugliches Wissen erwirbst.
– Deine gewohnte Umgebung wechselst.

Einen unerlösten Umgang mit den Herausforderungen dieses Transits erkennst Du daran, daß Du
– Dich für ein verkanntes Genie hältst.
– von Deiner Umgebung als Spinner eingestuft wirst.
– Deine Geschwister und Verwandten auf Abstand hältst.

Uranus im 4. Haus ***Wohnmobil***

Jetzt wird es Zeit, zu Hause mobil zu werden. Bring Abwechslung in Deine Wohnung oder zieh in eine andere Stadt. Werde unabhängiger von Deiner Herkunft, ohne gleich Deine Familie auf den Mond zu schießen. Versuche Dich möglichst konstruktiv zu entwurzeln, aber reiße nicht gleich Deinen ganzen Stammbaum aus. Finde stattdessen den richtigen Abstand zu Deiner Heimat, damit Du freier und unabhängiger leben kannst.

Einen erlösten Umgang mit den Herausforderungen dieses Transits erkennst Du daran, daß Du

- Dich auf der ganzen Welt zu Hause fühlen kannst.
- ein freieres Verhältnis zu Deiner Familie findest.
- Dich von den Wurzeln befreist, die Deine Unabhängigkeit behindern.

Einen unerlösten Umgang mit den Herausforderungen dieses Transits erkennst Du daran, daß Du

- heimatlos und entwurzelt bist.
- Dich völlig von Deiner Familie distanzierst.
- ständig umziehst.

Uranus im 5. Haus ***Kuckucksei***

Lasse Dir jetzt kein Kuckucksei ins Nest legen, bloß weil Du möglichst schnell zu Kindern kommen möchtest. Gönne stattdessen Deinen Kindern mehr Freiheiten und lerne durch sie Deine verrückten Seiten besser kennen. Befreie Dein schöpferisches Potential, damit Du auf originelle Weise kreativ werden kannst. Halte Dich nicht länger an konventionelle Spielregeln, sondern sorge auf Deine eigene Weise für mehr Spaß und Vergnügen in Deinem Leben. Laß Dir auch im Bett was Neues einfallen, damit Du die Kicks bekommst, nach denen Du Dich jetzt sehnst.

Einen erlösten Umgang mit den Herausforderungen dieses Transits erkennst Du daran, daß Du

- Deine kreativen Seiten frei zum Ausdruck bringst.
- Dich auf andere Weise vergnügst als Du es bislang gewohnt warst.
- zu einem anderen Liebhaber bzw. einer unkonventionellen Liebhaberin wirst.

Einen unerlösten Umgang mit den Herausforderungen dieses Transits erkennst Du daran, daß Du

- glaubst, dadurch frei zu werden, daß Du ständig eine neue Flamme hast.
- Dich nur jenseits der Norm vergnügen kannst.
- jedem Kick hinterherjagst, statt selbst kreativ zu werden.

Uranus im 6. Haus ***Selbständige Arbeit***

Jetzt stehen aufregende Veränderungen in Deinem Alltagsleben an. Befreie Dich von Deinen bisherigen Gewohnheiten und gib Deinem Leben einen neuen Rhythmus. Lasse Dich nicht von geregelten Arbeitszeiten in Deiner Originalität einschränken und versuche, insgesamt freier und selbständiger zu arbeiten. Erledige Deine Alltagspflichten auf unkonventionelle Weise und lerne, manche Deiner Arbeiten zu delegieren, damit Du mehr Freiräume hast.

Einen erlösten Umgang mit den Herausforderungen dieses Transits erkennst Du daran, daß Du
- Deinen Lebensrhythmus nach eigenen Maßstäben bestimmst.
- Dir mehr Freiräume bei Deiner Arbeit verschaffst.
- Deine Alltagsgewohnheiten änderst.

Einen unerlösten Umgang mit den Herausforderungen dieses Transits erkennst Du daran, daß Du
- völlig aus dem Tritt gerätst.
- Dir einen Job nach dem anderen suchst, statt selbständig zu arbeiten.
- es an den Nerven kriegst, weil Du fremdbestimmt lebst und arbeitest.

Uranus im 7. Haus ***Verrückte Begegnungen***

Jetzt kann jede Begegnung mit anderen direkt in die Freiheit führen. Freue Dich, unkonventionelle Menschen kennenzulernen und durch sie etwas über Deine verrückten Seiten zu erfahren. Bringe frischen Wind in Deine Beziehungen, und halte Deinen Partner an einer extra langen Leine, damit er Dich nicht verlassen muß.

Einen erlösten Umgang mit den Herausforderungen dieses Transits erkennst Du daran, daß Du
- Dich aus alten Beziehungsmustern befreist.
- unkonventionelle Begegnungen hast.
- innerhalb Deiner Partnerschaften unabhängiger wirst.

Einen unerlösten Umgang mit den Herausforderungen dieses Transits erkennst Du daran, daß Du
– Dich auf keine Beziehung mehr einläßt.
– nur verrückten und ausgeflippten Leuten begegnest.
– ständig von Deinen Partnern verlassen wirst.

Uranus im 8. Haus ***Blitzartige Wandlung***

Jetzt wird es Zeit, Dich aus der psychischen und materiellen Abhängigkeit von anderen zu befreien. Mache Dich unabhängig vom Geld anderer Leute, statt auf eine plötzliche Erbschaft zu hoffen, die dann doch nicht kommt. Verändere Deine Einstellung gegenüber den Tabubereichen Deines Lebens, und befreie Dich von tiefsitzenden sexuellen Verhaltensmustern und Gewohnheiten. Wenn Du Dich aus Deinen seelischen und finanziellen Verstrickungen mit anderen löst, kannst Du Dich jetzt tiefgreifend wandeln und befreien.

Einen erlösten Umgang mit den Herausforderungen dieses Transits erkennst Du daran, daß Du
– zu schnellen Transformationsprozessen bereit bist.
– dem Tod seinen Schrecken nimmst.
– mit einem Schlag Deine Verbindlichkeiten loswirst.

Einen unerlösten Umgang mit den Herausforderungen dieses Transits erkennst Du daran, daß Du
– Dich auf der Suche nach dem ultimativen Kick von einer Krise in die nächste stürzt.
– überraschend heiratest.
– Dich so stark von Deiner Sexualität befreist, daß Du gar keine mehr lebst.

Uranus im 9. Haus ***Religionsfreiheit***

Jetzt kannst Du Dein bisheriges Weltbild radikal auf den Kopf stellen. Egal, woran Du bislang geglaubt hast, jetzt brauchst Du Überzeugungen, die Deinen Horizont sprengen. Du mußt nicht gleich eine Weltreise machen, um Dich aus alten Glaubensmustern zu lösen. Bilde Dich statt dessen auf Gebieten weiter, die Dir bislang nicht ins Konzept gepaßt haben. Wenn Du Dich jetzt mit Astrologie beschäftigst, dann mach nicht gleich eine neue Weltanschauung daraus, sondern nutze sie, um Dein Verständnis von der Welt zu revolutionieren.

Einen erlösten Umgang mit den Herausforderungen dieses Transits erkennst Du daran, daß Du
- Deine eigene Lebensphilosophie entwickelst.
- Dich von alten Weltanschauungen befreist.
- zu neuen Horizonten aufbrichst.

Einen unerlösten Umgang mit den Herausforderungen dieses Transits erkennst Du daran, daß Du
- jedem glaubst, der Dir die Freiheit verspricht.
- Dich nur im Ausland frei und ungebunden fühlst.
- verrückt nach einem Guru bist, statt an Dich selbst zu glauben.

Uranus im 10. Haus ***Aussteiger***

Jetzt winken Dir ungeahnte berufliche Freiheiten, wenn Du Deiner inneren Berufung folgst. Wenn Du jetzt ständig gegen Deine Vorgesetzten rebellieren mußt, dann wird es Zeit, Dich selbständig zu machen. Du mußt nicht gleich zum Aussteiger werden, um der Gesellschaft Deine Unabhängigkeit zu beweisen. Löse Dich statt dessen von Deinem bisherigen Image, und zeige der Öffentlichkeit auch Deine unangepaßten Seiten.

Einen erlösten Umgang mit den Herausforderungen dieses Transits erkennst Du daran, daß Du
- Dir beruflich mehr Freiraum und Unabhängigkeit verschaffst.
- Dich von gesellschaftlichen Konventionen löst.
- Deine innere Berufung freisetzt.

Einen unerlösten Umgang mit den Herausforderungen dieses Transits erkennst Du daran, daß Du
- gegen jede öffentliche Ordnung rebellierst.
- aus dem gesellschaftlichen Leben aussteigst, ohne dadurch freier zu werden.
- ständig Deinen Beruf wechselst, weil Du Deine Berufung nicht kennst.

Uranus im 11. Haus ***Befreiungsbewegung***

Lasse Dich jetzt nicht von Deinen Freunden verrückt machen, sondern suche Dir freiheitsliebende Menschen, die Deine Ideale teilen. Du mußt Dich jetzt nicht einer Unabhängigkeitsbewegung anschließen, um Gleichgesinnte für Deine rebellischen Seiten zu finden. Engagiere Dich stattdessen für Reformen, die zu mehr Gleichberechtigung führen, ohne die Individualität des Einzelnen zu unterdrücken.

Einen erlösten Umgang mit den Herausforderungen dieses Transits erkennst Du daran, daß Du

- Dir neue Freundschaften erschließt.
- mit Gleichgesinnten für gesellschaftliche Freiheit kämpfst.
- Deine Ideale und Utopien erneuerst.

Einen unerlösten Umgang mit den Herausforderungen dieses Transits erkennst Du daran, daß Du

- nur noch Freunde hast, die verrückt sind.
- aufgrund Deiner versponnenen Ideale zum Revoluzzer wirst.
- Dir von jedem Kegelverein die große Befreiung erhoffst.

Uranus im 12. Haus ***Verborgene Freiheit***

Jetzt kannst Du Dich aus Deinem tiefsten Unbewußten heraus befreien und innerlich unabhängig werden. Die wahre Freiheit lauert hinter dem, was Du bislang vor Dir selbst und anderen verborgen hast. Ziehe Dich zurück, um Dich aus Deiner Gefangenschaft von Dir selbst zu lösen. Jetzt kannst Du durch dynamische und aktive Meditationsformen zu überraschenden spirituellen Einsichten gelangen.

Einen erlösten Umgang mit den Herausforderungen dieses Transits erkennst Du daran, daß Du

- Dich von Deinen Heimlichkeiten befreist.
- die tiefen Schichten Deiner Psyche freilegst.
- durch Rückzug zu innerer Freiheit und Unabhängigkeit findest.

Einen unerlösten Umgang mit den Herausforderungen dieses Transits erkennst Du daran, daß Du
- anderen verheimlichst, welche Freiheiten Du Dir nimmst.
- Dich unbewußt aus stabilen Lebensverhältnissen hinauskatapultierst.
- Dich nur in geschlossenen Anstalten wirklich frei fühlst.

Uranus-Transite zu den Planeten

Uranus-Sonne *Egobefreiung*

Jetzt kannst Du Dich von Deinem Ego lösen und zu Deiner wahren Individualität finden. Du mußt nicht gleich den Verrückten spielen, um Deine innere Autonomie zu zeigen. Werde Dir bewußt, inwieweit Du ein freier Mensch sein kannst und willst. Finde zu mehr Eigenständigkeit, indem Du auch Deine unangepaßten Wesenszüge lebst und ausdrückst.

Einen erlösten Umgang mit den Herausforderungen dieses Transits erkennst Du daran, daß Du
- die Chance nutzt, ein anderer Mensch zu werden.
- Deine ungelebten Wesensanteile befreist.
- Dich zu Deiner Individualität bekennst.

Einen unerlösten Umgang mit den Herausforderungen dieses Transits erkennst Du daran, daß Du
- Dich für einen Exzentriker hältst.
- zwanghaft versuchst, ein anderer zu sein als der, der Du bist.
- Dich selbst zum Narren machst, weil Dir nichts Neues mehr einfällt.

Uranus-Mond *Seelische Unabhängigkeit*

Jetzt kannst Du Dich aus emotionalen und seelischen Verstrickungen lösen und mehr Abstand zu Deinen Gefühlen finden. Befreie Dich aus Deinen unbewußten und kindlichen Abhängigkeitsmustern, und lasse Dir neue Wege einfallen, Deine Bedürfnisse zu befriedigen und Dich seelisch zu nähren. Opfere nicht länger Deine Freiheit und Unabhängigkeit, um anderen nahe zu sein. Achte darauf, wieviele offene Türen Du brauchst, um Dich an andere binden zu können. Reagiere gelassen auf Deine Stimmungsschwankungen und sei offen für neue Gefühle.

Einen erlösten Umgang mit den Herausforderungen dieses Transits erkennst Du daran, daß Du
- seelisch freier wirst.
- Dich aus emotionalen Abhängigkeiten löst.
- Deine Gefühle frei zum Ausdruck bringst, auch wenn sie ständig wechseln.

Einen unerlösten Umgang mit den Herausforderungen dieses Transits erkennst Du daran, daß Du
- extremen Stimmungsschwankungen unterliegst.
- gegenüber allem, was Dich nährt, eine innere Distanz aufbaust.
- ständig seelische Unzufriedenheit an Dir nagt.

Uranus-Merkur ***Überraschende Einsichten***

Revolutionen finden jetzt vor allem in Deinem Kopf statt. Öffne Dich für neue Einsichten, und richte Deine Wahrnehmung auf das, was aus dem Rahmen fällt. Du kannst jetzt Zusammenhänge erkennen, die Dein bisheriges Denken völlig auf den Kopf stellen. Drücke Dich originell aus und rede über Dinge, die Dir bislang fremd geblieben sind. Heiße alles willkommen, was nicht ins Konzept Deiner bisherigen Vorstellungen paßt. Erschließe Dir neue Kommunikationsformen, aber verirre Dich nicht ständig im Internet. Jetzt kannst Du ungewöhnlich viel Wissen auf einmal verarbeiten und neue Technologien nutzen.

Einen erlösten Umgang mit den Herausforderungen dieses Transits erkennst Du daran, daß Du
- Dich selbst mit neuen Einsichten überraschst.
- Dich freier auszudrücken lernst.
- Dich aus gewohnten Denk- und Wahrnehmungsmustern befreist.

Einen unerlösten Umgang mit den Herausforderungen dieses Transits erkennst Du daran, daß Du
- aus Deinen Geistesblitzen nur kurze Schlüsse ziehst.

- Dich von Deinen Gedanken verrückt machen läßt.
- Dich ständig am Rande eines Nervenzusammenbruchs befindest.

Uranus-Venus ***Freie Liebe***

Jetzt kannst Du viel über den Zusammenhang von Liebe und Freiheit lernen. Erschließe Dir neue Möglichkeiten, die angenehmen und schönen Seiten des Lebens zu genießen. Bringe Deine Liebe auf unkonventionelle Weise zum Ausdruck, aber küsse nicht jeden, der Dir fremd vorkommt. Auch wenn Du Dich jetzt auf den ersten Blick verlieben könntest, lohnt es sich, zweimal hinzuschauen, ehe Du Deinen bisherigen Partner verläßt.

Einen erlösten Umgang mit den Herausforderungen dieses Transits erkennst Du daran, daß Du
- in Deinen Beziehungen eine aufregende Zeit erlebst.
- Deinen persönlichen Geschmack und Dein ästhetisches Empfinden veränderst und erneuerst.
- freier und unabhängiger zu lieben lernst.

Einen unerlösten Umgang mit den Herausforderungen dieses Transits erkennst Du daran, daß Du
- von denen verlassen wirst, die Du liebst.
- von der freien Liebe schwärmst, ohne sie leben zu können.
- Deine Seitensprünge für einen Ausdruck Deiner Unkonventionalität hältst.

Uranus-Mars ***Neue Männer***

Du hast jetzt einen Mann zu befreien, auch als Frau. Suche nach neuen Ausdrucksmöglichkeiten für Deine sexuelle Energie, ohne ständig fremdzugehen.
Ergreife die Chance, möglichst unkonventionell zu handeln und Dich von Deinem Tun überraschen zu lassen. Befreie Deine Tatkraft, ohne Dich zu Kurzschlußhandlungen hinreißen zu lassen. Du kannst Dich jetzt anders durchsetzen, als Du es gewohnt bist. Agiere mit Überblick und erweitere Deine Handlungsspielräume. Befreie Dich von Deinen aufgestauten Aggressionen, aber verletze weder andere noch Dich selbst dabei.

Einen erlösten Umgang mit den Herausforderungen dieses Transits erkennst Du daran, daß Du
- frei und unabhängig handelst und Deine Ziele verfolgst.
- Deine Sexualität befreist.
- Dich auf unkonventionelle Weise durchsetzen kannst.

Einen unerlösten Umgang mit den Herausforderungen dieses Transits erkennst Du daran, daß Du
- Unfälle baust, weil Du unkonzentriert handelst.
- jedem Kick hinterherjagst.
- Dich in fremden Betten austobst, ohne dabei Neues zu erleben.

Uranus-Jupiter ***Konversionserlebnis***
Jetzt können sich überraschende Wachstumsmöglichkeiten auftun, denn das Glück ist jetzt zum Greifen nahe, solange Du Deinen Weitblick nicht verlierst und bei kurzfristigen Erfolgen hängenbleibst. Nutze die Chance, Deine bisherigen Überzeugungen und Glaubenssätze zu reformieren. Du mußt jetzt nicht die Kirche wechseln, um zu Deinem wahren Glauben zu finden. Öffne Dich statt dessen neuen Einsichten, die Dich innerlich offen und weit werden lassen, und die Dir neue Möglichkeiten erschließen.

Einen erlösten Umgang mit den Herausforderungen dieses Transits erkennst Du daran, daß Du
- jede sich bietende Wachstumschance beim Schopfe packst.
- Dich aus festgefahrenen Überzeugungen befreist.
- Dein Glück jenseits ausgetretener Pfade suchst.

Einen unerlösten Umgang mit den Herausforderungen dieses Transits erkennst Du daran, daß Du
- ständig Deine Überzeugungen wechselst.
- mit Deinem Glück spekulierst und dabei Reinfälle erlebst.
- auf neue Chancen hoffst, statt sie zu ergreifen.

Uranus-Saturn ***Durchbrüche***
Jetzt kannst Du große Durchbrüche erzielen, solange Du Dein Freiheitsbedürfnis im richtigen Rahmen halten kannst. Befreie Dich aus einengenden Strukturen, ohne dabei auch solche Mau-

ern niederzureißen, die Du für Deinen Schutz und Deine Sicherheit weiterhin brauchst. Du mußt jetzt nicht gegen jede Ordnung rebellieren, um Deine Ängste und Unsicherheiten zu überwinden. Löse Dich aus alten Traditionen, ohne ihren Wert zu verkennen.

Einen erlösten Umgang mit den Herausforderungen dieses Transits erkennst Du daran, daß Du
- Deine bisherigen Grenzen sprengst, ohne gleich alles in die Luft zu jagen.
- Dich von alten Konditionierungen und Ängsten löst.
- freier mit Deinen Pflichten und Verantwortlichkeiten umgehst.

Einen unerlösten Umgang mit den Herausforderungen dieses Transits erkennst Du daran, daß Du
- alles niederreißt, was Dir bislang Halt geboten hat.
- glaubst, ohne Sicherheiten leben zu können.
- Dich über jedes Gesetz stellst.

Uranus-Chiron ***Schmerzfreiheit***

Jetzt kannst Du alte Verletzungen hinter Dir lassen und Dein heilsames Potential befreien. Löse Dich aus alten Verhaltensmustern, mit denen Du Dich immer wieder selbst verletzt hast. Gehe unkonventionelle Wege, um zur Heilung zu finden, und überrasche andere damit, daß Du nicht ständig in alten Wunden rühren mußt.

Einen erlösten Umgang mit den Herausforderungen dieses Transits erkennst Du daran, daß Du
- Dich von alten Schmerzen befreist.
- den übergeordneten Zusammenhang zwischen Deiner Achillesferse und Deinen heilsamen Seiten erkennst.
- überraschende Heilungserfahrungen machst.

Einen unerlösten Umgang mit den Herausforderungen dieses Transits erkennst Du daran, daß Du
- Dich über Deinen Schmerz erhaben fühlst.
- zum Einzelgänger wirst, weil Du Deine Verletzlichkeit nicht zeigen willst.

– den wunderlichsten Methoden verfällst, um Deinen Schmerz zu lindern.

Uranus-Uranus ***Freiräume***

Jetzt wird es Zeit für einen größeren Befreiungsschlag. Wenn Du jetzt nicht freier und unabhängiger werden kannst, wann dann? Nutze die Chance, Dir Freiräume für Deine ungelebten Potentiale zu schaffen. Jetzt kannst Du gegen etablierte Normen rebellieren, was aber lediglich dazu führen kann, daß Du das Kind mit dem Bade ausschüttest, statt Dich innerlich von dem zu befreien, was Deine Entwicklungsmöglichkeiten einschränkt.

Einen erlösten Umgang mit den Herausforderungen dieses Transits erkennst Du daran, daß Du
- zu einer bislang ungeahnten Freiheit durchbrichst.
- Deine ungelebten Potentiale befreist.
- Dich für Deine Unabhängigkeit einsetzt.

Einen unerlösten Umgang mit den Herausforderungen dieses Transits erkennst Du daran, daß Du
- zwanghaft ein anderer werden möchtest.
- nur noch rebellisch und unangepaßt bist.
- Dir von unüberlegten Veränderungen mehr Freiheit versprichst.

(Hinweis: Uranus bildet etwa alle 21 Jahre einen herausfordernden Aspekt zu seiner Radixstellung. Das erste Uranus/Uranus-Quadrat im Alter von 21 Jahren ist geprägt durch die jugendliche Rebellion gegen die Erwachsenenwelt. Wir möchten alles anders machen, als unsere Eltern oder andere Autoritätspersonen es von uns erwarten. Danach folgt zwischen 40–42 Jahren mit der Uranus/Uranus-Opposition die hinlänglich bekannte »Midlife-Crisis«, die uns mit ungelebten Potentialen und der Sehnsucht nach einem radikalen Neuanfang konfrontiert. Mit etwa 62–64 Jahren erleben wir das zweite Uranus/Uranus-Quadrat, das meist mit dem Übergang vom aktiven Arbeitsleben in den Altersruhestand einhergeht. Dies bringt ungewohnte Freiheiten mit sich und kann zu einer Sinnkrise führen, wenn wir nichts mit unserer plötzlichen Freiheit und Unabhängigkeit von gewohnten Verpflichtungen anzufangen wissen. Mit etwa 84 Jahren erleben wir die Wiederkehr von Uranus zu seiner

Radixposition. Der Kreis schließt sich, und wir können zu einer ungeahnten inneren Freiheit finden.)

Uranus-Neptun ***Transzendenz***

Jetzt kannst Du Dich von falschen Sehnsüchten befreien und auf überraschende Weise zur Erlösung finden. Du mußt jetzt nicht ständig neue Drogen ausprobieren, damit sich Dir die Transzendenz des Daseins offenbart. Lasse statt dessen alte Suchtmuster hinter Dir, und öffne Dich den ungewohnten Offenbarungen, die jetzt in Dich einströmen. Nun können sich plötzlich Schleier lüften, mit denen Du Dich jahrelang vor der Realität geschont hast.

Einen erlösten Umgang mit den Herausforderungen dieses Transits erkennst Du daran, daß Du
- auf geniale Weise Deine Träume verwirklichst.
- Deine Sehnsüchte befreist.
- spirituelle Offenbarungen erfährst.

Einen unerlösten Umgang mit den Herausforderungen dieses Transits erkennst Du daran, daß Du
- nur mit Engeln Deine Brüderlichkeit lebst.
- plötzlich aus Deinem siebten Himmel fällst.
- Dich nur noch in ekstatischen Erleuchtungszuständen befindest.

Uranus-Pluto ***Machtwechsel***

Jetzt wird es Zeit für einen Machtwechsel. Befreie Dich aus Deiner Ohnmacht und erschließe Dir neue Einflußmöglichkeiten. Du kannst Dich jetzt blitzschnell und dennoch tiefgreifend wandeln, wenn Du bereit bist, überraschenden Wahrheiten ins Auge zu sehen. Es hilft Dir nicht weiter, wenn Du gegen Deine tiefsten Verdrängungen rebellierst. Öffne Dich statt dessen den Einsichten, die aus Deinem Inneren emporschießen und lasse es zu, radikal erneuert zu werden.

Einen erlösten Umgang mit den Herausforderungen dieses Transits erkennst Du daran, daß Du
- Dich von Altlasten befreist.

– Dich überraschend wandelst.
– für neue Therapien offen bist.

Einen unerlösten Umgang mit den Herausforderungen dieses Transits erkennst Du daran, daß Du
– plötzlich vor unerwarteten Abgründen stehst.
– in politische Unruhen verwickelt wirst.
– schnell an die Macht gelangen willst.

Neptun-Transite

Allgemeine Hinweise

Alles fließt

Alles befindet sich in ständiger Bewegung und Veränderung, auch wenn dies auf den ersten Blick nicht leicht zu erkennen ist. Wir errichten ständig Grenzen, um uns sicher und geschützt zu fühlen, und schneiden uns dadurch vom Fluß des Lebens ab, erleben Getrenntheit und Isolation. Neptun-Transite wirken auflösend, damit wir uns wieder dem Fluß des Lebens überlassen. Die Aussage Heraklits, daß wir nicht zweimal in den selben Fluß steigen können, birgt eine tiefe neptunische Weisheit.

Durchlässig werden

Damit wir unsere Grenzen überschreiten und uns wieder mit einem größeren Ganzen verbunden fühlen können, müssen wir durchlässig werden. Unter Neptun-Transiten machen wir die Erfahrung, daß wir bestimmte Lebensbereiche nicht mehr fest im Griff haben. Was wir gerne festhalten würden, zerrinnt uns zwischen den Fingern, oder wir greifen gleich ganz ins Leere. Wir merken lange Zeit gar nicht, wie die Schutzwälle und Dämme, die wir mühsam errichtet haben, aufgeweicht und unterspült worden sind. Unter Neptun-Transiten werden wir vom Strom des Lebens fortgetragen, was uns zunächst verunsichert.

Hingabe und Vertrauen

Wenn wir darauf mit Panik und Angst reagieren, werden wir zeitweise das Gefühl haben, unterzugehen und zu ertrinken. Neptun-Transite testen daher unsere Fähigkeit, Vertrauen zu haben und uns dem Strom des Lebens hinzugeben. Wenn wir versuchen, die Kontrolle zu behalten oder gegen den Strom zu schwimmen, werden wir eine schwere Zeit erleben.

Hilfe und Rettung

Wenn wir uns jedoch dem Strom des Lebens überlassen, kann es sein, daß wir Hilfe und Unterstützung von außen brauchen. Unter Neptun-Transiten können wir lernen, andere um Hilfe zu bitten und ihre Unterstützung anzunehmen. Es kann auch sein, daß uns Menschen begegnen, die noch mehr in Not sind als wir selbst und deshalb von uns gerettet werden möchten. Dann brauchen wir Unterscheidungsvermögen, um zu erkennen, wo wir wirklich helfen können und wo wir anderen helfen, um uns selbst zu retten. Unter Neptun-Transiten führt falsche Selbstlosigkeit dazu, daß wir zu hilflosen Helfern werden und uns als vermeintliche Retter selbst zum Opfer machen.

Opfer bringen

Statt zum Opfer unserer selbst zu werden, können wir Neptun-Transite dazu nutzen, bewußt das eine oder andere Opfer zu bringen. Wenn wir uns wieder dem Fluß des Lebens hingeben, müssen wir unter Umständen liebgewordene Menschen oder Besitztümer, an denen wir hängen, am Ufer zurücklassen. Wir können die Last der Verantwortung nicht länger tragen, sonst gehen wir unter. Unter Neptun-Transiten kann uns vieles genommen werden, was uns zu sehr belastet hat.

Rendezvous mit unserem Schutzengel

Weil wir unter Neptun-Transiten die Erfahrung machen, daß vieles sich auflöst und aus unserem Leben verschwindet, suchen wir manchmal Schutz und Zuflucht an Orten oder bei Menschen, die uns in die Irre leiten. Wir müssen daher in Kontakt mit unserem Höheren Selbst treten, das uns sicher zu unserem Ziel führen wird, auch wenn wir dieses Ziel noch nicht kennen oder immer wieder aus den Augen verlieren. Unter Neptun-Transiten müssen wir mit den spirituellen Seiten unseres Wesens in Kontakt treten, um unsere wahre Bestimmung und spirituelle Lebensaufgabe zu erkennen. Ob wir dies durch Hinwendung zu einer Religion oder Heilslehre, durch Meditation oder Innenschau bewerkstelligen, bleibt uns überlassen. Letztlich kann niemand außer uns selbst wissen, wo und wie wir den göttlichen Seiten in uns begegnen können.

Sucht und Täuschung

Wenn wir der spirituellen Dimension des Lebens mißtrauen oder nichts von ihr wissen wollen, können wir unter Neptun-Transiten Verwirrung und Täuschung erleben. Obwohl wir uns innerlich nach einer Verschmelzung mit dem Göttlichen sehnen, landen wir lediglich in Sucht und Abhängigkeit von anderen Menschen, Drogen und sonstigen Betäubungsmitteln. Fehlt unserem Dasein der göttliche Glanz und eine spirituelle Ausrichtung, dann lassen wir uns vom Glitzer und Glamour einer Scheinwelt blenden, die letztlich nur das Produkt unserer eigenen Phantasie ist.

Bilder und Visionen

Statt in eine Phantasiewelt zu flüchten, können wir Neptun-Transite dazu nutzen, unseren inneren Bildern und Visionen mehr Raum zu geben und ihnen zu folgen. Damit ist nicht gemeint, die Welt in einem rosafarbenen Licht zu sehen und unsere Schwierigkeiten und Probleme zu beschönigen. Es geht vielmehr darum, wieder eine Vision vor Augen zu haben, die uns Kraft und Mut zu einem erfüllten Leben gibt. Wir alle sehnen uns nach Erlösung, denn es geht im Leben nicht ausschließlich um Selbstverwirklichung und die Befriedigung persönlicher Bedürfnisse – nicht mehr, aber auch nicht weniger haben wir unter Neptun-Transiten zu lernen.

Neptun-Zyklen

Neptun braucht insgesamt etwa 165 Jahre, um einmal durch den Tierkreis zu wandern. Er hält sich durchschnittlich 13–14 Jahre in einem Tierkreiszeichen auf. Neptun-Transite durch die Häuser dauern je nach Hausgröße ca. 7–28 Jahre. Neptun-Transite zu den Radixplaneten sind je nach innerer Durchlässigkeit und spirituellem Bewußtsein nur 2–6 Monate oder sogar 3–4 Jahre lang zu spüren.

Neptun wird alle 12 Monate für 5 Monate und 1 Woche rückläufig. Sein Rückläufigkeitszyklus setzt jedes Jahr ca. 2–3 Tage später ein als im Jahr zuvor. Seine rückläufige Phase stellt eine Gelegenheit dar, innerlich durchlässiger zu werden und sich spirituell neu auszurichten.

Was bei Neptun-Transiten zu tun ist

Was die eigene Entwicklung unterstützt:
- inneren Bildern und Visionen folgen,
- Hingabe an den Fluß des Lebens,
- Vertrauen in die spirituellen Dimensionen des Daseins,
- bewußt Opfer bringen,
- Hilfe und Unterstützung geben und annehmen,
- geerdet bleiben.

Was die eigene Entwicklung hemmt:
- Flucht in Phantasie- und Scheinwelten,
- Verwirrung und Selbsttäuschung,
- Sehnsucht, die in Suchtverhalten mündet,
- Drogen und Betäubungsmittelmißbrauch,
- Beschönigung und Idealisierung,
- zum Opfer der eigenen Retterrolle werden.

Neptun-Transite durch die Häuser

Neptun im 1. Haus ***Tarnkappe***
Laß es zu, daß Dein bisheriges Selbstbild sich auflöst, ohne diese Leere gleich mit einem idealisierten Traumbild von Dir zu füllen. Du mußt jetzt nicht wie ein Engel in Erscheinung treten, bloß weil Dir Dein bisheriges Auftreten profan und unvollkommen vorkommt. Du hast jetzt die Wahl, ob Dein Auftreten bei anderen nur Mitleid und den Wunsch, Dir zu helfen, auslöst oder ob Du überall da, wo Du auftauchst, selbst den Retter spielen möchtest. Finde diesbezüglich das richtige Gleichgewicht, und vermeide es, Dich so gut wie gar nicht mehr zu zeigen, weil Du Angst hast, von anderen durchschaut zu werden. Deine äußere Erscheinung gleicht jetzt einem Glashaus, das den Blick in Dein Innerstes freigibt. Stelle Dich dieser Schutzlosigkeit, und fürchte Dich nicht vor dem, der den ersten Stein wirft. Du hast nichts zu verlieren außer Deinen Phantasien darüber, welches Image zu Dir paßt. Tu alles, um in Deinem Körper zu bleiben, auch wenn Dir mehr nach Astralreisen zumute ist, und laß Deine physische Behausung

zu einem adäquaten Ausdruck der spirituellen Seiten Deines Wesens werden.

Einen erlösten Umgang mit den Herausforderungen dieses Transits erkennst Du daran, daß Du
– Deine innere Spiritualität auch nach außen hin verkörperst.
– Dich so zeigen kannst, daß Du nichts verbergen mußt.
– Deinen äußeren Selbstausdruck verfeinerst.

Einen unerlösten Umgang mit den Herausforderungen dieses Transits erkennst Du daran, daß Du
– alles tust, um möglichst unsichtbar und nicht greifbar zu sein.
– ständig die Farbe Deiner Umgebung annimmst.
– mit Deinem Auftreten Verwirrung und Chaos stiftest.

Neptun im 2. Haus ***Spirituelle Sparkasse***

Wenn Dir jetzt jede Kreditanstalt wie ein Gotteshaus vorkommt und Dein Kontostand einer göttlichen Offenbarung gleicht, dann hast Du jedes Maß für die wahren Werte in Deinem Leben verloren. Du hast jetzt ein besonders großes Loch in der Tasche. Nutze es, um anderen zu helfen, sonst gehst Du bankrott. Im Himmel gilt eine andere Währung als auf Deinem Konto, darum achte darauf, womit Du jetzt Deinen Lebensunterhalt verdienen möchtest. Du kannst jetzt andere betrügen oder selbst betrogen werden, doch die Reichtümer, auf die es im Moment für Dich ankommt, sind nicht von dieser Welt. Tu etwas, das Deine spirituelle Sparkasse auffüllt, und laß es ausnahmsweise zu, daß andere Deine täglichen Rechnungen bezahlen. Träume nicht davon, was Du tätest, wenn Du reich wärst, denn es wird Dir immer an irgendetwas fehlen. Alles, was jetzt zählt, ist das, was Du Dir in einem höheren Sinne wert bist.

Einen erlösten Umgang mit den Herausforderungen dieses Transits erkennst Du daran, daß Du
– Deine spirituellen Werte erkennst.
– Deinen Besitzstand für gute Zwecke nutzt, die Dir und anderen dienen.
– dafür sorgst, daß Deine spirituelle Sparkasse ein immer größeres Guthaben aufweist.

Einen unerlösten Umgang mit den Herausforderungen dieses Transits erkennst Du daran, daß Du
- göttliche Fügungen für Deinen Kontostand verantwortlich machst.
- bevorzugt an Leute gerätst, die Dich ausnehmen.
- Dein Geld verschenkst, um in den Himmel zu kommen oder ein besserer Mensch zu werden.

Neptun im 3. Haus ***Hellseher***

Wenn Dich die Menschen, mit denen Du täglich zu tun hast, für einen Hellseher halten, dann hast Du Dich zu sehr in ihre Gedanken und Meinungen eingeschlichen. Du hast jetzt ein feines Gespür für Deine Umwelt und tausend Antennen, um wahrzunehmen, was um Dich herum vorgeht. Finde die richtigen Ausdrucksformen, für das, was Du spürst, ohne gleich die Gedanken anderer Leute für Deine eigenen zu halten. Ein Blick, eine bestimmte Geste, eine Hand, die gereicht wird, all das sagt jetzt mehr als tausend Worte. Gräme Dich nicht darüber, falsch verstanden zu werden, sondern sorge für eine möglichst konstruktive Verwirrung im Leben Deiner Mitmenschen. Das Leben ist vieldeutig, darum vermeide es, Dich nur eindeutig auszudrücken und dadurch unnötig festzulegen.

Du kannst Dich jetzt auch mit verbundenen Augen im Leben zurechtzufinden und Deine Umgebung im Schlaf erkunden. Rette Dich jedoch vor Deinen Nachbarn, sonst wirst Du ihr Opfer, und verwechsle Deine Verwandtschaft nicht mit einer Schar gefallener Engel, die es zu erlösen gilt.

Einen erlösten Umgang mit den Herausforderungen dieses Transits erkennst Du daran, daß Du
- in fließendem und einfühlsamem Austausch mit Deiner Umgebung stehst.
- ein an Hellsichtigkeit grenzendes Wahrnehmungsvermögen bezüglich Deiner Umwelt hast.
- für die Menschen, die Dir täglich nahe sind, auch Opfer bringen kannst.

Einen unerlösten Umgang mit den Herausforderungen dieses Transits erkennst Du daran, daß Du

- alles tust, um in Deiner Umgebung Verwirrung zu stiften.
- Dich unbemerkt in die Meinungen anderer einschleichst und sie Dir zu eigen machst.
- Deine Geschwister und Verwandten heiligsprichst.

Neptun im 4. Haus ***Heilige Familie***

Wenn Du jetzt auf jedem Photo aus Deiner Kindheit einen Heiligenschein entdeckst und Deinen Eltern Engelsflügel wachsen, dann bist Du auf dem besten Weg, Deine Herkunft und Kindheit zu verklären. Natürlich stammen wir alle irgendwo von einer heiligen Familie ab, aber das ist noch lange kein Grund, Deinen Stammbaum in den Himmel zu loben. Laß Dich nicht dadurch verwirren, daß Deine Seele in anderen Gefilden zuhause ist als Deine Familie, und sorge dafür, Dich auf spirituelle Weise in der Welt zu verwurzeln.

Auch wenn zu Hause jetzt alles in Fluß kommt, brauchst Du Dir nicht gleich ein Hausboot zu kaufen oder Deine Wohnung unter Wasser zu setzen. Bringe zu Hause ein Opfer dar, ohne eine Wallfahrt zu Deinem Vermieter anzutreten. Sorge dafür, aus Deinen inneren Quellen zu schöpfen und Deiner Seele treu zu bleiben.

Einen erlösten Umgang mit den Herausforderungen dieses Transits erkennst Du daran, daß Du

- Deiner Sehnsucht nach einer spirituellen Verwurzelung folgst.
- Deine Familie unterstützt und Dir von ihr helfen läßt, wenn Du es brauchst.
- auch zu Hause dem Himmel nahe sein kannst.

Einen unerlösten Umgang mit den Herausforderungen dieses Transits erkennst Du daran, daß Du

- Deine Kindheit mit dem Himmel auf Erden verwechselst.
- nicht mehr weißt, wo Du ursprünglich herkommst und wo Du zu Hause bist.
- aus Deinen vier Wänden ein Heim für Obdachlose machst.

Neptun im 5. Haus ***Engelskinder***

Alle Kinder sind irgendwie kleine Engel, aber das ist noch lange kein Grund, süchtig nach ihnen zu werden. Du wirst jetzt weder bei Deinen noch bei anderen Kindern die Erlösung finden, nach der Du Dich sehnst, auch wenn Du noch so viel Geld an Kinderhilfswerke spendest.

Du mußt jetzt ein Opfer für Deine künstlerischen Seiten bringen, aber beglücke nicht gleich eine Galerie mit all Deinen Kinderzeichnungen. Suche nach Visionen, die Deinen kreativen Selbstausdruck stimulieren, ohne vor jedem Discobesuch Drogen zu nehmen. Bringe Deine spirituellen Seiten auf schöpferische Weise zum Ausdruck, was nicht heißt, daß Du nur noch Heiligenbilder malen sollst. Nutze Deine Vorstellungskraft, um ein einfühlsamer Liebhaber bzw. eine phantasievolle Liebhaberin zu werden. Mache dafür einen großen Bogen um Vergnügungsparks und sämtliche Computerspiele, die süchtig machen, und gehe nur dann ins Spielcasino, wenn Du kein Geld und keine Kreditkarten dabei hast.

Einen erlösten Umgang mit den Herausforderungen dieses Transits erkennst Du daran, daß Du
- Deine kindlichen und spielerischen Seiten in Fluß bringst.
- Deiner Sehnsucht nach schöpferischem Selbstausdruck folgst.
- einfühlsam mit Kindern umgehst und ihnen Unterstützung bietest.

Einen unerlösten Umgang mit den Herausforderungen dieses Transits erkennst Du daran, daß Du
- alle Kinder dieser Welt durch eine rosafarbene Brille siehst.
- Dein Leben als endloses Vergnügen betrachtest, das nur unter Drogen zu genießen ist.
- Dich für einen begnadeten Künstler hältst.

Neptun im 6. Haus ***Meditation im Alltag***

Wenn Dir Deine Arbeit so heilig ist, daß Du süchtig nach ihr wirst, dann ist es an der Zeit, sie zu opfern, bevor sie Dich endgültig auslaugt. Jetzt ist Dir kein Arbeitsplatz mehr sicher, auch wenn Du Dich noch so sehr für Deine Arbeitskollegen aufopferst. Bringe Deine spirituellen Seiten in Deine Arbeit ein, ohne gleich zu denken, Du seist im göttlichen Auftrag berufstätig.

Dein Körper ist jetzt Dein Tempel und ein Seismograph für alles, was Dir gut tut und was nicht. Achte auf das, was Du zu Dir nimmst, denn Deine Gesundheit reagiert jetzt ausgesprochen sensibel auf alles, was Dir nicht entspricht. Eventuell auftretende Krankheiten bedürfen jetzt einer ganzheitlichen Therapie, die Körper, Geist und Seele mit einbezieht.

Es mag Menschen geben, die beim Wäschewaschen göttliche Eingebungen erhalten. Es besteht dennoch kein Anlaß, aus den Pflichten Deines Alltags jetzt eine Art Gottesdienst zu machen. Sorge jedoch für einen Lebensrhythmus, der Deiner höheren Bestimmung entspricht. Der Erleuchtung ist es egal, wie Du sie erlangst, darum sei Dir auch weiterhin nicht zu schade dafür, im Supermarkt Schlange zu stehen und Deine Steuerbelege ordentlich abzuheften.

Einen erlösten Umgang mit den Herausforderungen dieses Transits erkennst Du daran, daß Du
- Deinen Lebensrhythmus spirituell ausrichtest.
- Deinen Körper einfühlsam behandelst und pflegst.
- Deinen täglichen Pflichten in göttlicher Demut nachkommst.

Einen unerlösten Umgang mit den Herausforderungen dieses Transits erkennst Du daran, daß Du
- nur noch im göttlichen Auftrag arbeitest oder gar nichts mehr tust.
- zum Hypochonder wirst.
- Dir nur Krankheiten zulegst, die nicht zu diagnostizieren sind.

Neptun im 7. Haus *Beziehungsrausch*

Wenn Dein Partner jetzt zur Droge Nummer Eins in Deinem Leben wird und Du Dich pausenlos an ihm berauschst, dann wird es Zeit, ihm nicht länger die Unterwäsche zu bügeln oder Dich anderweitig von ihm ausnehmen zu lassen. Setz ihn vor die Tür und mache eine Entziehungskur für werdende Singles. Du nimmst jetzt bei jedem Menschen, der Dir begegnet, bevorzugt dessen göttlichen Qualitäten wahr. Sei deshalb wählerisch und werfe Dich nicht jedem vermeintlichen Traumpartner in die Arme. Wenn sich Deine bisherigen Beziehungen jetzt in nichts auflösen, dann mach keine Wallfahrten, um sie zurückzugewinnen. Du kannst Deinen Partner nicht retten, ohne selbst zum Opfer zu werden.

Es kann sein, daß Du jetzt von anderen Menschen enttäuschst bist und Dich betrogen fühlst. Mache jedoch nicht die anderen, sondern Deine Idealisierungen dafür verantwortlich, sonst begegnest Du fortan einem Heiratsschwindler nach dem anderen. Träume nicht von einem Partner, der ständig für Dich da ist und Dir alle Sehnsüchte erfüllt, sonst verliebst Du Dich nur noch in Alkoholiker oder Gurus. Beziehungen können manchmal in den Himmel wachsen, und Dein Partner könnte tatsächlich ein Sprungbrett ins Paradies sein, doch rechne stets mit einer harten Landung.

Einen erlösten Umgang mit den Herausforderungen dieses Transits erkennst Du daran, daß Du
– wahrhaft spirituelle Begegnungen hast.
– Deine Seelenverwandtschaft mit Deinen Partnern spürst.
– auch für höhere Formen der Liebe zu Deinen Partnern offen bist

Einen unerlösten Umgang mit den Herausforderungen dieses Transits erkennst Du daran, daß Du
– nur noch Menschen begegnest, die gerettet werden wollen.
– das Paradies in anderen suchst.
– Dich nach jemandem sehnst, der Dir jeden Traum erfüllt.

Neptun im 8. Haus ***Heiliger Sex***

Wenn Dich Deine Sehnsucht nach Erlösung von einer kostspieligen Therapie zur nächsten treibt, dann wird es Zeit, Dein geerbtes oder von anderen geborgtes Geld für etwas besseres auszugeben. Du kannst Stirb-und-Werde-Prozesse noch so sehr idealisieren und versuchen, mit Deinem Partner zu verschmelzen und einszuwerden, Gott wirst Du so nicht finden.

Versuche auch nicht, Deinen Partner durch Sex und Liebesdienste zu retten, denn kein Orgasmus der Welt kann Deiner Ehe den Glanz verleihen, den sie durch eine wahrhaft spirituelle Ausrichtung erhält. Erkenne, welcher höhere Auftrag Dich auf einer tiefen Ebene mit den Menschen verbindet, auf die Du Dich voll und ganz eingelassen hast. Glaube auch nicht an das Geld anderer Leute, es könnte sich jetzt als Illusion entpuppen. Bringe ein Opfer, das anderen Geldbeuteln gut tut, ohne gleich das Vermögen Deines Partners dafür aufs Spiel zu setzen.

Auch wenn das Leben voller Geheimnisse steckt, und das Größte davon der Tod ist, mußt Du nicht gleich einer Todessehnsucht verfallen. Es ist edel, Menschen in Krisen beizustehen, aber mache Dich nicht zum Sterbehelfer oder Seelentröster für jeden psychischen Tod, den andere erleiden. Es mag sein, daß auch der physische Tod in Erlösung mündet, aber im Moment liegt das Paradies eher tief in Deiner Psyche vergraben als oben am Himmel.

Einen erlösten Umgang mit den Herausforderungen dieses Transits erkennst Du daran, daß Du
- den Schleier des Todes lüftest, damit Du Dich tiefgreifend wandeln kannst.
- durch Krisen zur Erlösung findest.
- Deiner Sehnsucht auch durch Deine Tiefen folgst.

Einen unerlösten Umgang mit den Herausforderungen dieses Transits erkennst Du daran, daß Du
- nur noch Scheinehen eingehst oder bis zur Unkenntlichkeit mit Deinem Partner verschmolzen bist.
- vom Geld anderer Leute und von Erbschaften träumst.
- durch Sex in den Himmel kommen möchtest.

Neptun im 9. Haus ***Fernweh***

Wenn Du jetzt aus jeder Urlaubsreise eine Wallfahrt in gelobte Länder machst und Dich danach sehnst, von einem Ausländer erlöst zu werden, dann wird es Zeit, etwas für Deinen wahren Glauben zu tun. Glaube nicht, daß Du im Flugzeug oder in einem fernen Land näher bei Gott bist, sonst wirst Du von Deinem Reisebüro oder an Deinem Urlaubsort wie eine Weihnachtsgans ausgenommen.

Tu etwas für Deine höhere Bildung, ohne von Deiner Sehnsucht nach der perfekten Weltanschauung in die Irre geleitet zu werden. Versuche die Antwort auf die Rätsel des Lebens in Deinem Innern zu finden, auch wenn Du dadurch Deinen bisherigen Glauben verlierst. Folge nur solchen Gurus, die Wert darauf legen, daß Du der wahre Meister in Deinen Lebensfragen bist.

Einen erlösten Umgang mit den Herausforderungen dieses Transits erkennst Du daran, daß Du

- zu einem Glauben findest, der Dich von Deiner unerfüllten Sehnsucht nach Gott erlöst.
- auf die Reise zu Deiner wahren Spiritualität gehst.
- universellen Weitblick zeigst.

Einen unerlösten Umgang mit den Herausforderungen dieses Transits erkennst Du daran, daß Du

- jeden Badeurlaub für eine Pilgerreise hältst.
- vom perfekten Glauben träumst.
- höhere Bildung mit Erleuchtung verwechselst.

Neptun im 10. Haus ***Göttliche Berufung***

Wenn Du Dich jetzt dazu berufen fühlst, die ganze Welt zu retten, und diese Berufung für das Paradies auf Erden hältst, dann wird es Zeit, die Firma zu wechseln, bevor sie Pleite geht. Du kannst jetzt Deinen Traumberuf finden, aber nur, wenn Gott persönlich Deinen Arbeitsvertrag unterschreibt. Hör endlich damit auf, einen Tarnberuf nach dem anderen auszuüben und stelle Dich Deiner wahren inneren Berufung.

Lasse Dich ruhig vom gesellschaftlichen Glanz faszinieren und von der Öffentlichkeit bewundern, aber achte darauf, daß Du nicht blind davon wirst. Wenn Du jetzt in einen öffentlichen Skandal gerätst, dann bist Du zum Opfer Deiner eigenen Idealisierungen geworden.

Einen erlösten Umgang mit den Herausforderungen dieses Transits erkennst Du daran, daß Du

- statt eines Traumberufes Deine höhere Berufung findest.
- Dich öffentlich für die Zukurzgekommenen und Opfer der Gesellschaft engagierst.
- Deinen gesellschaftlichen Status für höhere Ziele nutzt.

Einen unerlösten Umgang mit den Herausforderungen dieses Transits erkennst Du daran, daß Du

- Dich in der Öffentlichkeit zum Retter oder Märtyrer stilisierst.

- nur für solche Firmen arbeitest, die sich in Auflösung befinden.
- Dich nach öffentlichem Glanz und Gloria sehnst.

Neptun im 11. Haus ***Himmlische Freundschaft***

Wahre Freundschaften werden im Himmel geschlossen – jetzt mußt Du sie auf Erden wiederfinden. Spüre Deine Verbundenheit mit Menschen, die Deine Ideale teilen, ohne gleich aus Deinem Kegelclub eine spirituelle Notstandsgemeinschaft zu machen. Engagiere Dich in Gruppen, die sich für höhere Ziele einsetzen. Hüte Dich jedoch vor falschen Menschenfreunden und Hilfsorganisationen, die aus ihrer vermeintlichen Nächstenliebe persönlichen Profit schlagen. Du kannst jetzt einer Sache dienen, die über Dich hinausweist, was nicht heißt, daß Du jedem Seelenfänger in die ausgebreiteten Arme fallen mußt.

Bringe ein Opfer, indem Du einem Freund aus der Patsche hilfst. Das heißt nicht, daß Du gleich jeden Skatabend im Freundeskreis in eine Wohltätigkeitsveranstaltung umfunktionieren mußt. Falsche Freunde erkennst Du jetzt daran, daß sie Dir nur helfen wollen, um sich selbst zu retten oder nur kommen, um Deinen Weinkeller leerzutrinken.

Einen erlösten Umgang mit den Herausforderungen dieses Transits erkennst Du daran, daß Du
- Gleichgesinnte findest, die Deine spirituelle Sehnsucht teilen.
- anderen ein hilfreicher Freund bist.
- Dich in spirituell ausgerichteten Gemeinschaften engagierst.

Einen unerlösten Umgang mit den Herausforderungen dieses Transits erkennst Du daran, daß Du
- Dich ständig von Deinen Freunden betrogen fühlst oder Dich für sie aufopferst.
- Deinen Kegelclub für eine spirituelle Religionsgemeinschaft hältst.
- Dir jeden zum Freund machst, der auf verlorenem Posten kämpft.

Neptun im 12. Haus ***Verborgenes Paradies***

Wenn Du jetzt ins Kloster gehst, um wie Jesus zu werden und durch Meditation die Welt retten möchtest, dann verwechselt Du Deine Sehnsucht nach Einsamkeit mit dem Zustand der Erleuchtung. Du kannst jetzt zwar durch Rückzug zu Gott finden, aber nur, wenn Du geschlossene Anstalten meidest. Mache Dir klar, daß Deine Verdrängungen Deinen Vollkommenheitsansprüchen nie genügen werden, und freue Dich, wenn Dich Dein Unbewußtes immer wieder in die Irre führt.

Du kannst jetzt verborgene Seiten Deines Wesens erforschen, die es gar nicht gibt, dafür aber Botschaften aus Deinem Unterbewußtsein empfangen, die Dir Deine spirituelle Bestimmung enthüllen. Paß auf, daß Du Dich nicht für Deine verdrängten Seiten selig sprichst und Deinem Astralkörper eine weiße Weste überstreifst. Jetzt mußt Du ein Opfer bringen, um heil zu werden, ohne Dich damit zum Retter kollektiver Verdrängungen aufzuschwingen. Du kannst jetzt Dein angesammeltes Karma auflösen, achte jedoch darauf, daß es wirklich Deines und nicht das anderer Leute ist.

Einen erlösten Umgang mit den Herausforderungen dieses Transits erkennst Du daran, daß Du

- im Rückzug zu Deiner wahren Spiritualität findest.
- Dich von Deinen Verdrängungen erlöst.
- zu einer Meditationspraxis findest, die Deinen tiefsten Sehnsüchten gerecht wird.

Einen unerlösten Umgang mit den Herausforderungen dieses Transits erkennst Du daran, daß Du

- durch Askese die Welt retten möchtest.
- jede Form des Rückzugs heiligst.
- hinter den Mauern jeder geschlossenen Anstalt eine Schar Heiliger vermutest.

Neptun-Transite zu den Planeten

Neptun-Sonne ***Selbstauflösung***

Wenn Du jetzt von einer Selbsttäuschung in die nächste stolperst und Dich dabei für erleuchtet hältst, dann weißt Du wirklich nicht mehr, wer Du bist. Du kannst kein besserer Mensch werden, wenn Du Dein Ego heiligsprichst. Transzendiere Deine Persönlichkeit erst, wenn Du bereits eine bist, sonst nimmt Gott Dein Opfer nicht an. Wenn Deine Persönlichkeit sich bereits in Auflösung befindet, dann schwimm ihr nicht hinterher, sondern sorge für ein spirituelles Bewußtsein, das Deinem wahren Wesen entspricht. Es kann sein, daß Du Deinen Vater jetzt für einen Märtyrer hältst, vielleicht, weil er Deine Mutter geheiratet oder sein Leben lang gearbeitet hat. Hör auf, ihn zu idealisieren, und versuche statt dessen, Dich selbst zu vervollkommnen.

Einen erlösten Umgang mit den Herausforderungen dieses Transits erkennst Du daran, daß Du
- zu Deinem spirituellen Selbst findest.
- jenseits Deiner Selbstverwirklichung noch höhere Ziele hast.
- Dein Bewußtsein verfeinerst und erweiterst.

Einen unerlösten Umgang mit den Herausforderungen dieses Transits erkennst Du daran, daß Du
- Dich ständig um Dich selbst betrügst.
- Dich verloren gibst.
- Dich nur noch für andere aufopferst.

Neptun-Mond ***Stoßdämpfer für die Seele***

Wenn Du jetzt Deine Mutter für eine Heilige hältst und ständig von Mitgefühl überschwemmt wirst, dann weißt Du offensichtlich nicht mehr, was Dir gut tut. Jeder Versuch, die Gefühle anderer für Deine eigenen zu halten, wird Dich jetzt in die Irre führen. Deine Seele ist kein Schwamm, um die Seelenschmerzen Deiner Mitmenschen aufzusaugen, auch wenn Dein Therapeut dadurch an Dir sein Geld verdient. Du brauchst jetzt einen Stoßdämpfer für die Seele, um mit den Härten des Lebens fertig zu werden. Doch Weihwasser und andere Betäubungsmittel helfen

Dir jetzt nicht weiter. Deine Seele sehnt sich in den Schoß zurück, dem sie entsprungen ist, und Du kannst sie jetzt mit diesem Gefühl nicht alleine lassen. Sorge dafür, Dich spirituell zu nähren und Deine Gefühle ihrer höheren Bestimmung zuzuführen, ohne Dich von anderen emotional auslaugen zu lassen.

Einen erlösten Umgang mit den Herausforderungen dieses Transits erkennst Du daran, daß Du
- zu tiefer seelischer Anteilnahme fähig bist.
- Dich mit spirituellen Erfahrungen nährst.
- ein feines Gespür für Deine Bedürfnisse entwickelst.

Einen unerlösten Umgang mit den Herausforderungen dieses Transits erkennst Du daran, daß Du
- Dich mit Deinen Gefühlen selbst betrügst oder von ihnen überschwemmt wirst.
- die Gefühle anderer für Deine eigenen hältst.
- nicht mehr weißt, was Dich seelisch nährt und Dir gut tut.

Neptun-Merkur ***Engelszungen***

Wenn Du jetzt nur noch mit Engelszungen redest und ständig sagst, was andere hören möchten, dann wird es Zeit, wenigstens mit Gott ein paar ehrliche Worte zu wechseln.

Auch wenn Du jetzt glaubst, jedem in die Karten schauen zu können, werden Deine Karten dadurch nicht besser. Hör auf, Dich mit Deinen phantastischen Wahrnehmungen zu betrügen und nimm wahr, was wirklich ist. Versuche nicht, Dich und andere dadurch zu schonen, daß Du die Wahrheit noch länger verschweigst.

Einen erlösten Umgang mit den Herausforderungen dieses Transits erkennst Du daran, daß Du
- visionäre Gedanken und Ahnungen hast.
- Deine Wahrnehmung verfeinerst.
- Dich von Deinen Träumen inspirieren läßt.

Einen unerlösten Umgang mit den Herausforderungen dieses Transits erkennst Du daran, daß Du
- Dich verwirrt und unklar ausdrückst.

– nur noch die Gedanken anderer denkst.
– Dich in Wunschdenken flüchtest.

Neptun-Venus *Himmlische Liebe*

Falls Du Dich jetzt nur noch geliebt fühlst, wenn Du Dich für andere aufopferst und Deine Liebe so stark idealisierst, daß sie nicht mehr lebbar ist, dann bist Du reif für eine Beziehung, die im Himmel geschlossen wurde. Wundere Dich jedoch nicht, wenn Deine himmlische Liebe auf Erden wie Eis in der Sonne dahinschmilzt und nur noch Tränenpfützen übrig bleiben. Werde durchlässig für die angenehmen und schönen Seiten des Lebens, ohne dem Kitsch oder dem schönen Schein zu verfallen. Verfeinere statt dessen Deinen Geschmack und gebe Dich dem Kunstgenuß hin.

Einen erlösten Umgang mit den Herausforderungen dieses Transits erkennst Du daran, daß Du
– grenzenlos lieben kannst.
– Dich von der Schönheit des Lebens innerlich berühren läßt.
– Dich nach den spirituellen Seiten der Liebe sehnst.

Einen unerlösten Umgang mit den Herausforderungen dieses Transits erkennst Du daran, daß Du
– immer noch von der großen Liebe träumst
– Dich nur noch mit Heiligen oder Säufern einläßt.
– Dich für Deine Liebe aufopferst.

Neptun-Mars *Traumtäter*

Wenn Deine Energie jetzt ständig verpufft und Du nur aussichtslose Kämpfe führst, dann wird es Zeit, Deine Kraft auf höhere Ziele zu lenken. Du kannst jetzt nur Dinge erreichen, die über Dich selbst hinausweisen. Handle in Einklang mit Deinen Träumen, ohne dadurch zum Traumtäter zu werden. Statt Dich Deinen sexuellen Phantasien auszuliefern und Dich ständig verführen zu lassen, kannst Du jetzt die spirituellen Dimensionen Deiner Sexualität erforschen und Dich von Deiner Triebhaftigkeit erlösen. Auch wenn Du jetzt nicht besonders kraftvoll zuschlagen kannst, brauchst Du dennoch ein Ventil für Deine Aggressionen.

Einen erlösten Umgang mit den Herausforderungen dieses Transits erkennst Du daran, daß Du
- Dein Handeln auf spirituelle Ziele ausrichtest.
- Deine Visionen in die Tat umsetzt.
- Deine sexuelle Kraft verfeinerst.

Einen unerlösten Umgang mit den Herausforderungen dieses Transits erkennst Du daran, daß Du
- nur noch Dinge tust, die Dich verwirren.
- von großen Taten träumst, ohne auch nur einen Schritt dafür zu tun.
- Deine sexuelle Orientierung verlierst.

Neptun-Jupiter ***Grenzenlose Hoffnung***

Wenn Du jetzt von grenzenlosem Wachstum träumst und Dir in Deiner Phantasie alle Türen offenstehen, dann wird es Zeit, wenigstens eine Deiner tausend Möglichkeiten zu nutzen, um einen kleinen Schritt vorwärts zu kommen. Auch wenn Bescheidenheit jetzt nicht gerade Deine Stärke ist, solltest Du Dich dennoch mehr auf Dein spirituelles Wachstum konzentrieren, statt ständig auf große Erfolge zu hoffen. Mit Deiner idealistischen Einstellung und Deinem Glauben kannst Du jetzt Berge versetzen. Nutze die Zeit, um Deine innersten Überzeugungen mit der ganzen Schöpfung in Einklang zu bringen.

Einen erlösten Umgang mit den Herausforderungen dieses Transits erkennst Du daran, daß Du
- zu einem Lebenssinn findest, der universell ist.
- Deinem inneren Glück und Deinem Schutzengel vertraust.
- Zustände religiöser Verzückung und mystischer Ekstase erlebst.

Einen unerlösten Umgang mit den Herausforderungen dieses Transits erkennst Du daran, daß Du
- ständiges Wachstum für einen Königsweg ins Paradies hältst.
- Dir große Erfolge erträumst, die nichts als Seifenblasen sind.
- die Welt nur noch durch eine rosafarbene Brille siehst.

Neptun-Saturn *Grenzauflösung*

Wenn sich Deine Realität jetzt als Illusion entpuppt und Deine Grenzen sich schleichend auflösen, dann wird es Zeit, Dein Verständnis von der Wirklichkeit zu transzendieren. Lerne mit fließenden Grenzen umzugehen und vermeintliche Sicherheiten aufzugeben. Überlasse Deine bisherige Ordnung dem Strom der Veränderung und stelle Dein Leben auf eine spirituelle Grundlage. Du kannst jetzt nur innerhalb einer größeren Ordnung Halt und Sicherheit finden. Vertraue dem Fluß des Lebens, statt Dich von unerklärlichen Ängsten heimsuchen zu lassen.

Einen erlösten Umgang mit den Herausforderungen dieses Transits erkennst Du daran, daß Du
- die spirituellen Dimensionen der Realität erkennst.
- Dein Leben in eine höhere Ordnung fügst.
- alte Begrenzungen auflöst.

Einen unerlösten Umgang mit den Herausforderungen dieses Transits erkennst Du daran, daß Du
- Dich aus lauter Mitgefühl für alles verantwortlich fühlst.
- Deinen Halt im Leben verlierst.
- kein Gespür mehr für die Realitäten Deines Lebens hast.

Neptun-Chiron *Wunderheilung*

Jetzt kannst Du durch Hingabe an Deinen Schmerz auf wunderbare Weise erlöst werden. Erkenne, daß Du mit Deinen Wunden und Verletzungen nicht alleine bist und jeder auf seine Weise am Leben leidet. Verurteile Dich nicht für Deine Schwachstellen und gehe nachsichtig mit den Unzulänglichkeiten anderer um. Auch wenn es Dir wie ein Wunder vorkommt, jetzt kannst Du heil werden, indem Du Dich vertrauensvoll mit einem größeren Ganzen verbindest und eine Brücke zu den spirituellen Dimensionen des Daseins schlägst.

Einen erlösten Umgang mit den Herausforderungen dieses Transits erkennst Du daran, daß Du
- einfühlsam mit Deiner Achillesferse umgehst.
- durch Hingabe heil wirst.
- alte Wunden und Verletzungen auflösen kannst.

Einen unerlösten Umgang mit den Herausforderungen dieses Transits erkennst Du daran, daß Du
- Dich für einen Wunderheiler hältst.
- Deine Schmerzen idealisierst.
- andere von ihrem Kreuz erlösen willst.

Neptun-Uranus ***Grenzenlose Freiheit***

Wenn Du Dir jetzt ein Bildnis von Che Guevara um den Hals hängst, von großen Revolutionen träumst und ständig bewußtseinserweiternde Drogen nimmst, dann wird es Zeit, Deine eigene Vision von Freiheit zu leben. Du wirst Deinen Traum von der großen Befreiung nur verwirklichen können, wenn Du in der Lage bist, innerlich grenzenlos frei zu werden, statt Dir von außen große Umbrüche zu erhoffen. Geniesse die kleinen Highlights des Lebens und jage nicht ständig der großen Erleuchtung hinterher.

Einen erlösten Umgang mit den Herausforderungen dieses Transits erkennst Du daran, daß Du
- Deiner Sehnsucht nach Befreiung folgst.
- Dein rebellisches Potential erlöst.
- Deinen inneren Eingebungen vertraust.

Einen unerlösten Umgang mit den Herausforderungen dieses Transits erkennst Du daran, daß Du
- von grenzenloser Freiheit träumst.
- Dir von jeder Veränderung Erlösung versprichst.
- Deine Unabhängigkeit idealisierst.

Neptun-Neptun ***Himmel auf Erden***

Wenn Du jetzt von Deinen Sehnsüchten überschwemmt wirst, im siebten Himmel schwebst und von einem besseren Leben träumst, dann wird es Zeit, Deine Ideale zu transzendieren und im Rahmen Deiner Möglichkeiten ein wirklicher Engel auf Erden zu werden. Du kannst jetzt durch Hingabe an Deine Träume und Visionen die spirituellen Dimensionen Deines Daseins erlösen und zu einem Diener der Menschheit werden.

Einen erlösten Umgang mit den Herausforderungen dieses Transits erkennst Du daran, daß Du

- Visionen folgst, die über Dein individuelles Dasein hinausweisen.
- Dich einer höheren Aufgabe verpflichtest.
- zum Dienst am Nächsten fähig bist.

Einen unerlösten Umgang mit den Herausforderungen dieses Transits erkennst Du daran, daß Du
- von Deinen Sehnsüchten in die Irre geleitet wirst.
- vom Paradies auf Erden träumst, ohne einen Finger zu dessen Verwirklichung zu rühren.
- keinen höheren Sinn in Deinem Dasein sehen kannst.

(Hinweis: Der erste markante Transit von Neptun zu seiner Radixstellung findet in Form eines Sextilaspekts etwa zum Zeitpunkt der ersten Saturnwiederkehr zwischen 28–30 Jahren statt. Er stellt uns vor die Frage, welche Träume wir in unserem Leben verwirklichen möchten und welchen Visionen wir folgen sollen.

Im Alter von 40–42 Jahren folgt das Quadrat des transitierenden Neptun zu seiner Radixstellung. Dieser Transit fällt zeitlich mit der zweiten Saturn/Saturn-Opposition und der ersten Uranus/Uranus-Opposition zusammen und ist durch die hinlänglich bekannte »Midlife-Crisis« gekennzeichnet. Neptuns Anteil an dieser Krise besteht darin, daß alte Sehnsüchte aufbrechen und wir vor die Frage gestellt sind, inwieweit wir unserem Leben einen Sinn geben können, der über unsere individuelle Selbsverwirklichung hinausweist und unserer spirituellen Verantwortung gerecht wird.

Etwa zeitgleich mit der zweiten Saturn-Wiederkehr erleben wir zwischen 55–58 Jahren das Trigon des transitierenden Neptun zu seiner Radixstellung. In dieser Phase können wir unser Mitgefühl erweitern und unser Leben noch mehr in den Dienst der Menschheit stellen.

Mitte Achtzig erleben wir zusammen mit der dritten Saturn-Wiederkehr und der ersten Uranus-Wiederkehr die Opposition des transitierenden Neptun zu seiner Radixstellung. Jetzt können wir uns weitgehend von den bisherigen Realitäten unseres Daseins lösen und zur wahren Transzendenz unserer Existenz gelangen.)

Neptun-Pluto *Göttliche Macht*

Wenn Du jetzt von Macht und Einfluß träumst und Dich für einen großen Erlöser hältst, dann wird es Zeit, einfühlsam mit

Deinen verdrängten Wesensanteilen umzugehen und therapeutische Hilfe in Anspruch zu nehmen. Deine Träume und Phantasien können Dich jetzt tiefgreifend wandeln. Löse Dich jedoch von Deinen Allmachtsphantasien, und höre auf, jede Form der Machtausübung zu verherrlichen.

Einen erlösten Umgang mit den Herausforderungen dieses Transits erkennst Du daran, daß Du
– Dich von Deinen verdrängten Seiten erlöst.
– durch Träume Zugang zu Deinem Unbewußten findest.
– Sehnsüchte und Visionen hast, die Dich tiefgreifend wandeln.

Einen unerlösten Umgang mit den Herausforderungen dieses Transits erkennst Du daran, daß Du
– Gott für jeden Schicksalsschlag dankbar bist.
– Dich der spirituellen Macht anderer auslieferst, um erlöst zu werden.
– jede Form der Machtausübung und Manipulation heiligst.

Pluto-Transite

Allgemeine Hinweise

Lebenswandel
Unser Leben ist immer wieder tiefgreifenden Wandlungsprozessen unterworfen. Wir können uns nur dann voll entwickeln und unser gesamtes Potential entfalten, wenn wir uns immer wieder selbst hinterfragen und die Lauterkeit unserer Motive überprüfen. Je mehr Macht und Einfluß wir gewinnen, um so bedeutsamer sind solche Reflektionsprozesse für unser Vorwärtskommen, damit wir nicht über unsere verdrängten Anteile ins Stolpern geraten und starke Widerstände von außen heraufbeschwören. Pluto-Transite stellen Gelegenheiten dar, unserer inneren Wahrheit ins Auge zu sehen, damit wir gereinigt und geläutert unser Machtpotential im Dienste eines größeren Ganzen entfalten können.

Die Macht der Wahrhaftigkeit
Pluto-Transite sind schmerzhaft, weil wir uns durch sie wieder in Einklang mit unserer inneren Wahrheit bringen müssen. Da wir dies kaum freiwillig tun, verhalten wir uns höchst eigenartig. Wir sind plötzlich von den seltsamsten Dingen fasziniert oder versuchen, über alles mögliche Macht zu gewinnen. Manchmal machen wir uns auch selbst zum Opfer und geben anderen Menschen oder Dingen mehr Macht über uns, als uns gut tut. Wir klammern uns an Situationen, die uns in die Tiefe reißen oder rufen Geister, denen wir nicht gewachsen sind. Wir zerstören zwanghaft genau das, was wir lieben oder zerschlagen Porzellan, das wir nicht bezahlen können. Wir werden radikal und sägen doch nur an dem Ast, auf dem wir sitzen.

Es kann auch schiefgehen

Unter Pluto-Transiten taucht manchmal plötzlich aus dem Nichts eine große Schachtel auf, und eine dunkle Stimme lockt uns mit den Worten: »Wenn Du in diese Schachtel steigst, wirst Du in zwei Tagen als bunter Schmetterling wieder herauskommen.« Wir wissen, daß dies nicht stimmt und klettern trotzdem hinein. In der Schachtel ist es dunkel und ungemütlich, doch wir denken: »Bald ist es vorbei.« Tage vergehen, ohne daß etwas passiert. Uns packt die Panik, wir fühlen uns betrogen und werden ohnmächtig vor Wut. Wochen später ist die Schachtel völlig ramponiert, weil wir ständig von innen gegen die Wände getreten haben. Doch die Schachtel bleibt weiter zu. Wir sind inzwischen völlig verzweifelt, winseln um Gnade oder versuchen es mit Bestechung: »Wenn Du mich rausläßt, werde ich alles tun, was Du von mir verlangst.« Doch nichts passiert. Wir fühlen uns Lichtjahre davon entfernt, ein bunter Schmetterling zu werden, und uns wachsen auch keine Flügel. Dafür werden wir mit unseren tiefsten Ängsten konfrontiert, leiden Höllenqualen und Monate später sind wir schließlich bereit, zu sterben. Wir legen uns in der Schachtel, die uns mittlerweile ganz vertraut erscheint, zur letzten Ruhe. Und plötzlich werden wir von einem hellen Licht geblendet und eine mürrische Stimme peinigt unser Ohr: »Du kannst jetzt rauskommen, es hat nicht geklappt. Komm später wieder.«

(Hinweis für Fortgeschrittene: Dies ist der Moment, in dem Pluto rückläufig wird.)

Wie immer ohne Gewähr

Bei Pluto-Transiten gibt es keine Gewähr auf ein Happy-End. Wir können loslassen, soviel wir wollen, und werden trotzdem vom Leben bestraft. Dies liegt daran, daß wir mit Dingen konfrontiert werden, die größer sind als wir. Unter Pluto-Transiten greifen kollektive Kräfte machtvoll in unsere vermeintlich persönlichen Angelegenheiten ein. Niemand ist eine Insel, und unter Pluto-Transiten wird uns dies schmerzhaft bewußt. Wir werden von Schlägen getroffen, die wir nicht ausgeteilt haben. Doch Schuldzuweisungen werden unter Pluto-Transiten obsolet. Es gibt keine Gewähr dafür, daß wir irgendwelche Täter haftbar machen können. Wir sind umzingelt von kollektiven Notwendigkeiten, denen wir uns in Demut beugen müssen. Solange wir auch unsere inneren Notwendigkeiten und Wahrheiten nicht erkennen, werden wir nicht begreifen können, wie uns geschieht.

Auch wenn wir unter einem Pluto-Transit wie Inanna bei ihrem Abstieg in die Unterwelt Ereshkigals nach der siebten Stufe nackt in einem dunklen Keller stehen, kann es uns dennoch passieren, daß wir aufgespießt werden und an uns Rache genommen wird für etwas, das wir nie getan haben. So gesehen besteht das größte Geschenk eines Pluto-Transits darin, daß wir danach nichts mehr zu verlieren haben.

Keine Revision

Pluto läßt nicht mit sich handeln, und wir können mit ihm keine Geschäfte machen. Sein Urteil mag uns oft wie schreiendes Unrecht erscheinen, doch es gibt keine Instanz, bei der wir Revision einlegen könnten. Das ist hart, aber wahr. Die Welt funktioniert nicht nach unseren Regeln und ist kein Ort, an dem wir auf Gerechtigkeit pochen können. Unter Pluto-Transiten müssen wir uns dem Teil unseres Schicksals fügen, den wir nicht ändern können, und ihn von dem Teil unterscheiden lernen, den wir selbst in der Hand haben. Falsche Ohnmacht und falsche Demut helfen bei Pluto-Transiten nicht weiter. Wir müssen nicht nach der Peitsche rufen, mit der wir uns nur selbst quälen, aber lernen, Schläge einzustecken, die unvermeidlich sind.

Tiefe Wandlung

Das Recht, von einer Raupe zum Schmetterling zu werden, können wir bei Pluto-Transiten nicht einklagen. Doch wenn wir bereit sind, uns tiefgreifend zu wandeln, können wir immerhin eine andere, wahrhaftigere Raupe werden als die, die wir vorher waren.

Pluto-Zyklen

Pluto braucht insgesamt etwa 248 Jahre, um einmal durch den Tierkreis zu wandern. Er hält sich aufgrund seiner elliptischen Bahn zwischen 13–30 Jahren in einem Tierkreiszeichen auf. Gegenwärtig bewegt er sich durch das Schütze-Zeichen, das er innerhalb von knapp 14 Jahren durchwandert. Pluto-Transite durch die Häuser dauern je nach Hausgröße zur Zeit ca. 7–28 Jahre. Pluto-Transite zu den Radixplaneten sind gegenwärtig je nach innerer Wandlungsbereitschaft und persönlichem Machtbewußtsein nur 2–6 Monate oder sogar 3–4 Jahre lang zu spüren.

Pluto wird im gegenwärtigen Abschnitt seiner Umlaufbahn alle 12 Monate für 5 Monate und 1 Woche rückläufig. Sein Rückläufigkeitszyklus setzt in den kommenden Jahren jeweils ca. 4–6 Tage später ein als im Jahr zuvor. Seine rückläufige Phase stellt eine Gelegenheit für innere Wandlungs- und Transformationsprozesse dar, anhand derer wir uns auf neue Machtverhältnisse und größere Lebensumstellungen ausrichten können.

Was bei Pluto-Transiten zu tun ist

Was die eigene Entwicklung unterstützt:
– inneren Wahrheiten ins Auge blicken,
– Demut lernen,
– konsequent überlebte Verhaltensmuster ablegen,
– Mut zur Wandlung und zu Neubeginn,
– Ohnmacht in Macht verwandeln,
– wahrhaftiger und ehrlicher Umgang mit sich und anderen,
– sich tiefsten Ängsten und Verdrängungen stellen,
– loslassen, was nicht mehr zu halten ist.

Was die eigene Entwicklung hemmt:
– radikales und rücksichtsloses Verhalten,
– Machtausübung, die anderen schadet,
– Flucht in hilflose Ohnmachtspositionen,
– fortgesetztes Unterdrücken eigener Verdrängungen,
– sich mit aller Gewalt gegen Veränderungen wehren,
– eigene Lebensängste auf andere projizieren,
– persönlichen Allmachtsgefühlen erliegen,
– von fixen Ideen und Vorstellungen besessen sein.

Pluto-Transite durch die Häuser

Pluto im 1. Haus ***Häutungen***

Nutze die Zeit, um Dich zu häuten und Deine alten, überlebten Hüllen hinter Dir zu lassen. Tu alles, um am Leben zu bleiben und dennoch wie neu geboren zu erscheinen. Sorge dafür, daß Dein Aussehen Ausdruck Deines wahren Selbst ist, und klammere Dich nicht länger an liebgewordene Bilder von Dir. Habe den Mut, Dich ehrlich und offen zu zeigen und auch Deine dunklen Seiten nicht länger zu verstecken. Sorge dafür, daß Deine äußere Erscheinung etwas Bezwingendes hat, dem sich keiner entziehen kann. Verschaffe Dir machtvolle Auftritte, die andere in Deinen Bann ziehen. Lege Dir ein Outfit zu, in dem Du zur Geltung kommst. Tu alles, damit Dich möglichst keiner auf Anhieb wiedererkennt. Steige wie Phönix aus der Asche dieser Wandlungsphase.

Einen erlösten Umgang mit den Herausforderungen dieses Transits erkennst Du daran, daß Du
- Deine äußere Erscheinung tiefgreifend wandelst.
- ein machtvolles und bezwingendes Auftreten hast.
- Dich körperlich vollständig regenerierst.

Einen unerlösten Umgang mit den Herausforderungen dieses Transits erkennst Du daran, daß Du
- Dir ein dämonisches Auftreten zulegst und wie ein Inquisitor dreinschaust.
- Dir wie ein Schreckgespenst vorkommst.
- zwanghaft an Deinem alten Image festhältst.

Pluto im 2. Haus ***Glänzendes Gold***

Binde Dich nicht zu stark an das, was Dir gehört, denn es kann Dir jederzeit genommen werden. Erkenne den therapeutischen Wert Deines Besitzes und nutze Dein Bankkonto, um Dich zu wandeln. Trenne Dich von den Besitztümern, die Deine Entwicklung blockieren. Wenn Du stirbst, wirst Du Deine Brieftasche nicht mitnehmen können, egal, wohin die Reise dann gehen wird. Höre auf, weiterhin Dein Selbstwertgefühl von Deinem

Einkommen abhängig zu machen, und besinne Dich statt dessen auf die wahren Werte in Deinem Leben.

Du kannst jetzt sehr reich oder auch sehr arm werden, was aber letztlich zählt, ist das, was Du Dir selbst wert bist.

Einen erlösten Umgang mit den Herausforderungen dieses Transits erkennst Du daran, daß Du
- Dein Geld in tiefgreifende Wandlungsprozesse investierst.
- Dein Selbstwertgefühl transformierst.
- Dich durch Deinen Besitz wandeln läßt.

Einen unerlösten Umgang mit den Herausforderungen dieses Transits erkennst Du daran, daß Du
- Deinen Minderwertigkeitskomplexen ausgeliefert bist.
- nur in Werte investierst, die Dich ruinieren.
- keine Bosheit ausläßt, um möglichst schnell reich zu werden.

Pluto im 3. Haus ***Propaganda***

Stelle Dich der Faszination von Wissen und gehe bewußt mit der damit verbundenen Macht um. Absolviere eine Ausbildung, die Dich wandelt. Informiere Dich nur über das, was wirklich wichtig für Dich ist. Sei offen und ehrlich zu den Menschen in Deiner Umgebung, und versuche nicht, Deine Verwandten und Geschwister übers Ohr zu hauen. Du kannst jetzt ein einflußreicher Lehrer werden, wenn Dein Wissen den entsprechenden Tiefgang hat. Mißtraue daher jedem Klatsch und glaube nicht länger an das, was täglich in der Zeitung steht. Nutze Deinen Drang, Dich mitzuteilen, ohne gleich ein Buch zu schreiben, das keiner lesen will.

Einen erlösten Umgang mit den Herausforderungen dieses Transits erkennst Du daran, daß Du
- Wissen erwirbst, das Dich wandelt.
- in einem ehrlichen und tiefgehenden Austausch mit Deiner unmittelbaren Umgebung stehst.
- bei Deinen täglichen Begegnungen tiefe Spuren hinterläßt.

Einen unerlösten Umgang mit den Herausforderungen dieses Transits erkennst Du daran, daß Du
- keinen Klatsch ausläßt, um anderen zu schaden.

- an Deinen Nachbarn Rufmord begehst und Deine Geschwister für Spione hältst.
- für Deine Verdrängungen Propaganda machst und nur noch Drohbriefe schreibst.

Pluto im 4. Haus ***Familientherapie***

Jetzt kannst Du entdecken, wie glücklich Deine Kindheit wirklich war. Steige hinab zu den Wurzeln Deines Lebens und beklage Dich nicht, wenn Du in einem dunklen Keller landest. In jeder Familie fließt im Verborgenen Blut, das sichtbar wird, sobald jemand an der Oberfläche kratzt. Tu alles, um alte und vergrabene Familiengeheimnisse zu lüften und Dich von der Last Deiner Ahnen zu erlösen. Hör auf, zwanghaft nach den Vorstellungen Deiner Familie zu leben, und nutze das Wissen um Deine Herkunft, um Dich zu wandeln. Mache eine Familientherapie, um einen wahren und Dir gemäßen Platz im Familiensystem einnehmen zu können. Tu alles, was Dich darin unterstützt, Deinen Eltern zu verzeihen, und versöhne Dich mit dem Schoß, dem Du entsprungen bist.

Einen erlösten Umgang mit den Herausforderungen dieses Transits erkennst Du daran, daß Du

- Dir ein Zuhause schaffst, das Deiner tiefen inneren Wahrheit entspricht.
- Dich von der Last Deines Stammbaumes und Deiner Ahnen befreist.
- Dich durch alles, was Du mit Deiner Familie zu tun hast, verwandeln läßt.

Einen unerlösten Umgang mit den Herausforderungen dieses Transits erkennst Du daran, daß Du

- Dein Zuhause zum Schauplatz von Machtkämpfen und Intrigen machst.
- Deine Familie zum Schlachtfeld auserwählst.
- alles tust, um andere für Deine Herkunft und Kindheit zu bestrafen.

Pluto im 5. Haus ***Kreativer Wandel***

Du mußt jetzt keine gefährlichen Liebschaften eingehen, um Dich durch Deine kreative Schöpferkraft zu wandeln. Alles, was Dir Spaß und Freude bereitet, hat jetzt einen therapeutischen Wert für Dich. Du bist lange genug als Kopie durch die Welt gelaufen, jetzt kommt eine Zeit, in der Du Deine Originalität und Einmaligkeit machtvoll zum Ausdruck bringen kannst.

Jetzt mußt Du Farbe bekennen und zu Deiner sexuellen Abenteuerlust stehen. Zwanghafte oder heimliche Liebesaffären können Dir jetzt jedoch das Genick brechen. Dafür kannst Du durch Deine Liebesspiele tiefen Verdrängungen auf die Schliche kommen und Deine erotische Ausstrahlungskraft transformieren. Kinder sind jetzt Deine besten Therapeuten. Jeder Machtkampf mit ihnen verweist auf Dein eigenes verletztes oder gar wütendes Inneres Kind. Du kannst jetzt Kindern schmerzhafte Erfahrungen nicht dadurch ersparen, daß Du sie Deinen Vorstellungen entsprechend manipulierst. Erlöse statt dessen Deine eigenen kindlichen Seiten, um kreative Kräfte freizusetzen, die lange tief in Deinem Innersten geschlummert haben.

Einen erlösten Umgang mit den Herausforderungen dieses Transits erkennst Du daran, daß Du

- Dich durch Deinen kreativen Selbstausdruck wandelst und transformierst.
- Deine Schöpferkraft machtvoll entfaltest.
- auf einer tiefen Ebene dem Leben spielerisch begegnen kannst.

Einen unerlösten Umgang mit den Herausforderungen dieses Transits erkennst Du daran, daß Du

- der Spielsucht verfällst oder zwanghaft kreativ zu sein versuchst.
- zum Kinderhasser wirst, weil Du ständig von kleinen Monstern umzingelt bist.
- Dich trotz mangelndem Talent für einen großen Künstler hältst.

Pluto im 6. Haus ***Die Macht der Dienstleistung***

Wenn Dein Alltag jetzt mörderische Züge annimmt und Du Dich ihm völlig ausgeliefert fühlst, dann wird es Zeit, Dir einen Lebensrhythmus zuzulegen, der Deiner inneren Wahrheit und Deinen wahren Bedürfnissen entspricht. Unterwerfe Dich nicht länger fremdbestimmten Zeitplänen und sorge für größere Pausen in Deinem Alltag, damit Du Dich tiefgreifend rgenerieren kannst. Du kannst jetzt den üblichen Lebenstrott durchbrechen und mehr Macht über die Gestaltung Deiner Lebensabläufe gewinnen. Klammere Dich nicht an Deinen Arbeitsplatz, und reformiere gründlich Deinen Arbeitsstil. Arbeite so, daß Du nichts mehr zu verlieren hast und jammere nicht über das, was dabei auf der Strecke bleibt. Deine Arbeit soll jetzt eher den Charakter einer machtvollen Dienstleistung haben als der Befriedigung Deiner persönlichen Machtgelüste dienen. Nehme Deine Gesundheit ernst, und beende eventuell krankmachende Lebensgewohnheiten.

Einen erlösten Umgang mit den Herausforderungen dieses Transits erkennst Du daran, daß Du
- Dein Alltagsleben gründlich transformierst.
- Dich durch Deine Arbeit wandeln läßt.
- durch Deine Tätigkeiten einen starken Einfluß ausübst.

Einen unerlösten Umgang mit den Herausforderungen dieses Transits erkennst Du daran, daß Du
- Dich von Deinem Alltag versklaven läßt.
- an Deinem Arbeitsplatz ständig das schwarze Schaf bist.
- alles tust, um Deine Gesundheit zu ruinieren.

Pluto im 7. Haus ***Therapeutische Begegnungen***

Jede Begegnung mit anderen konfrontiert Dich jetzt mit Deinen verdrängten Seiten. Lasse es zu, durch Deine Beziehungen gewandelt zu werden, um anderen ehrlicher und aufrichtiger begegnen zu können. Wenn sich Deine bisherigen Partner nun in erbitterte Feinde verwandeln, dann wird es Zeit, die Dämonen in deinem eigenen Inneren zu bekämpfen, damit Du sie nicht länger von außen anziehen mußt. Jede Beziehungskrise bringt Dich jetzt Deiner inneren Wahrheit näher, darum laufe nicht vor diesen

Krisen davon, bloß um mit dem nächsten Partner das gleiche Drama wieder zu erleben. Befreie Dich statt dessen von Deinen unbewußten Zwängen, die Dich in die stets gleichen Beziehungsmuster führen, damit Du wahrhaft ehrliche Beziehungen führen kannst.

Einen erlösten Umgang mit den Herausforderungen dieses Transits erkennst Du daran, daß Du
- ehrlich und aufrichtig mit Deinen Partnern umgehst.
- Begegnungen hast, die Dich wandeln und läutern.
- Deine Partner von deinen Projektionen erlöst.

Einen unerlösten Umgang mit den Herausforderungen dieses Transits erkennst Du daran, daß Du
- statt Deines Partners plötzlich ein Monster in den Armen hältst.
- Dich ständig von anderen manipuliert fühlst.
- aus jedem Rendezvous eine Therapiesitzung machst.

Pluto im 8. Haus ***Unkraut vergeht nicht***

Jetzt mußt Du dem Tod ins Auge blicken, was nicht heißt, daß Du gleich von der Bühne des Lebens abtreten sollst. Erkenne Deine Möglichkeiten, auch andere Tode zu sterben, damit Du Dich auf einer tiefen Ebene wandeln und von Tabuthemen befreien kannst. In Deinem Innern schlummern Kräfte, die durch jede Krise gestärkt werden und Dir Deine enormen Regenerationsfähigkeiten bewußt machen können. Unkraut vergeht nicht, darum packe jetzt jedes Übel direkt an seiner Wurzel, damit Du es endgültig loswerden kannst.

Wenn Du Dich jetzt hoffnungslos Deiner Sexualität ausgeliefert fühlst, dann wird es Zeit, ihre spirituellen Dimensionen zu erkennen, damit Du die beim Geschlechtsakt freigesetzte Energie für Deine Transformation nutzen kannst. Auch wenn jetzt das Geld anderer Leute eine starke Faszination auf Dich ausübt, brauchst Du nicht gleich jedem Kredithai in die Arme zu laufen oder zwanghaft zu versuchen, andere zu beerben. Besinne Dich stattdessen auf solche gemeinsamen Werte, die Deiner inneren Wahrheit entsprechen und niemanden das Leben kosten.

Einen erlösten Umgang mit den Herausforderungen dieses Transits erkennst Du daran, daß Du
- jede tiefe Krise nutzt, um wahrhaftiger zu werden.
- durch Intimität und Sexualität gewandelt wirst.
- Dich von Deinen Tabus erlöst.

Einen unerlösten Umgang mit den Herausforderungen dieses Transits erkennst Du daran, daß Du
- in Deiner Ehe oder Deinen intimen Beziehungen einen Rosenkrieg vom Zaun brichst.
- keine Bosheit ausläßt, um an das Geld anderer Leute zu kommen.
- Dich ständig in Lebensgefahr begibst, weil Du von Krisen besessen bist.

Pluto im 9. Haus ***Schuld und Sühne***

Jetzt wird es Zeit, deine bisherigen Glaubenssätze und Überzeugungen zu begraben und dem Sinn des Lebens eine neue Gestalt zu geben. Hör auf damit, den falschen Göttern zu dienen. Werde statt dessen zu einem wahrhaft Suchenden, und lasse erst locker, wenn Du weißt, was die Welt im Innersten zusammenhält.

Du mußt jetzt nicht jeden Urlaub in Krisengebieten verbringen, um über Deinen bisherigen Tellerrand hinausschauen zu können. Versuche statt dessen, zu neuen Horizonten aufzubrechen und innerlich auf die Reise zu einem tieferen Lebensverständnis zu gehen. Laufe jedoch nicht jedem Prediger oder Seelenfänger in die Arme, der Deine innere Suche skrupellos für eigene Ziele ausnutzt. Mißtraue auch Deiner bisherigen Religion, damit Du nicht länger den Vorstellungen von Schuld und Sühne verhaftet bleiben mußt.

Einen erlösten Umgang mit den Herausforderungen dieses Transits erkennst Du daran, daß Du
- zu Deinem wahren Glauben findest.
- Deinen Horizont erweiterst, um Dich zu wandeln.
- Dich von einengenden Moralvorstellungen erlöst.

Einen unerlösten Umgang mit den Herausforderungen dieses Transits erkennst Du daran, daß Du
- jedem Deinen Glauben und Deine Überzeugungen aufzwingen möchtest.
- alles haßt, was Dir fremd ist.
- jeden bekämpfst, der eine höhere Bildung besitzt.

Pluto im 10. Haus ***Gesellschaftliche Macht***

Nutze die Chance, das, wozu Du Dich berufen fühlst, auf eine wahrhaftige Grundlage zu stellen. Sei ehrlich mit dem, was Du in der Gesellschaft erreichen möchtest, und zeige ihr Dein wahres Gesicht. Du kannst jetzt groß herauskommen und sogar berühmt werden, wenn Dein Erfolg Deiner inneren Wahrheit entspricht, einem größeren Ganzen dient und auch anderen zugute kommt. Denke jedoch stets daran, Dich auch der Kehrseite von öffentlicher Macht und Anerkennung zu stellen, sonst wirst Du leicht zum Spielball von Kräften, die stärker sind als Du.

Wenn Du Dich mit Deinem Beruf immer unzufriedener fühlst und pausenlos in zermürbende Machtkonflikte verstrickt bist, dann wird es Zeit, mehr auf Deine Bestimmung zu hören, auch wenn dies einen tiefgreifenden Berufswechsel zur Folge hat. Achte darauf, Dich von Deinem Familienauftrag zu lösen, und nicht deshalb einen bestimmten Beruf zu ergreifen oder weiterhin auszuüben, weil Deine Eltern oder Vorfahren dies von Dir erwarten.

Einen erlösten Umgang mit den Herausforderungen dieses Transits erkennst Du daran, daß Du
- kompromißlos Deiner wahren inneren Berufung folgst.
- Deinen Dir gemäßen Platz und Beruf in der Gesellschaft findest.
- Deine öffentliche Macht und Deinen gesellschaftlichen Einfluß gut handzuhaben weißt.

Einen unerlösten Umgang mit den Herausforderungen dieses Transits erkennst Du daran, daß Du
- keine Gelegenheit ausläßt, Deinen Ruf zu ruinieren.
- alles tust, um aus der Gesellschaft verstoßen zu werden.
- Dir jede Intrige recht ist, um mehr gesellschaftliche Macht zu erlangen als Dir zusteht.

Pluto im 11. Haus ***Freund oder Feind?***

Achte darauf, jetzt nicht nur solche Freunde zu haben, die Dir jeden Feind ersparen. Erkenne statt dessen den wahren Wert tiefer Freundschaft, und trage mit Deiner Aufrichtigkeit dazu bei, daß Du zu Deinen Freunden eine echte und ehrliche Beziehung hast. Verschone sie nicht mit Deiner inneren Wahrheit, und lasse Dir auch von ihnen ungeschminkt die Wahrheit sagen.

Gruppen und Gleichgesinnte haben jetzt einen starken Einfluß auf Dich. Nutze ihn, um Dich zu wandeln und Deine persönlichen Ideale auf eine breitere gesellschaftliche Basis zu stellen. Gemeinsam mit anderen kannst Du jetzt viel erreichen, sofern es Dir gelingt, Dich von Machtspielen auf Vereins- und Gruppensitzungen fernzuhalten und Deine persönlichen Interessen konstruktiv in ein größeres Ganzes einzubringen.

Einen erlösten Umgang mit den Herausforderungen dieses Transits erkennst Du daran, daß Du
- durch Deine Freundschaften gewandelt wirst.
- wahrhaft humanitäre Ideale entwickelst.
- Dir Gleichgesinnte suchst, um mehr Einfluß bei der Durchsetzung gesellschaftlicher Ideale zu haben.

Einen unerlösten Umgang mit den Herausforderungen dieses Transits erkennst Du daran, daß Du
- Dir nur solche Menschen zum Freund machst, die Dir schaden.
- von einer Gruppentherapie zur nächsten eilst.
- beim Kampf für Deine Interessen keinerlei Skrupel mehr kennst.

Pluto im 12. Haus ***Verborgene Macht***

Nutze diese Zeit, um im phasenweisen Rückzug von der Welt tiefste Transformationserfahrungen zu machen. Alle Facetten Deines Lebens, die bislang ein Schattendasein geführt haben, brechen jetzt machtvoll aus Deinem Unterbewußtsein hervor, damit Du sie verwandeln und erlösen kannst. Du kannst die Macht des Unbewußten nicht länger leugnen, es sei denn, Du bist bereit, für Deine Verdrängungen auch weiterhin einen hohen Preis zu zahlen. Versuche, kollektive Strömungen aufzunehmen und zur Steigerung Deiner Einflußmöglichkeiten zu nutzen, aber hüte Dich davor, ihnen zum Opfer zu fallen.

Einen erlösten Umgang mit den Herausforderungen dieses Transits erkennst Du daran, daß Du
– Deine tiefsten Verdrängungen transformierst.
– die Macht kollektiver Projektionen erkennst und zu nutzen weißt.
– unbewußte und zwanghafte Verhaltensmuster zu durchbrechen vermagst.

Einen unerlösten Umgang mit den Herausforderungen dieses Transits erkennst Du daran, daß Du
– zum Opfer kollektiver Verdrängungen wirst.
– Dich heimlichen Mächten ausgeliefert fühlst.
– aus Deinem Unbewußten eine Mördergrube machst.

Pluto-Transite zu den Planeten

Pluto-Sonne ***Egotransformation***

Dein Ego ist jetzt reif für eine Kernspaltung, damit Dein inneres Selbst ans Licht kommt. Laß alle Hüllen Deiner Persönlichkeit fallen, und stelle Dich Deinem wahren Wesen. Werde Dir bewußt, wer Du wirklich bist. Schrecke nicht vor den dunklen Seiten Deines Wesens zurück, sondern transformiere sie, damit Du an persönlicher Stärke gewinnen kannst. Überlege Dir gut, inwieweit Du Dich an Machtkämpfen beteiligen möchtest, damit Du am Ende nicht den Kürzeren ziehst. Wer sich jetzt gegen Dich stellt, der sollte Deine Macht zu spüren kriegen, sofern er nicht lediglich eine Projektionsfläche für die verdrängten Seiten Deiner Persönlichkeit darstellt und damit über mehr Macht verfügt als Du.

Du kannst nun nicht länger an falschen Selbstbildern festhalten, ohne Dir dadurch auf gravierende Weise fremd zu werden. Versuche daher nicht ein Idealbild zu leben, das Du mit Deiner Persönlichkeit nicht einlösen kannst. Sei ehrlich zu Dir selbst, damit andere Dich für das wertschätzen und anerkennen können, was und wer Du wirklich bist.

Einen erlösten Umgang mit den Herausforderungen dieses Transits erkennst Du daran, daß Du
- Dein Ego einer gründlichen Transformation unterziehst.
- Dein wahres Wesen erforschst.
- auch Deine Schattenseiten in Deine Persönlichkeit integrierst.

Einen unerlösten Umgang mit den Herausforderungen dieses Transits erkennst Du daran, daß Du
- zum Sklaven Deiner selbst wirst.
- Deine persönliche Macht und Deine Einflußmöglichkeiten überschätzt.
- nur noch Dinge tust, die Deiner Persönlichkeit schaden.

Pluto-Mond ***Bedürfniswandel***

Der Schoß, der Dich nährt, zeigt jetzt seine verschlingenden Seiten. Langsam wird es Zeit, Dich endgültig von Deiner Kindheit abzunabeln und Deine wahren Bedürfnisse zu erkennen. Du mußt jetzt nicht alle Mütter mit Monstern gleichsetzen, um Dich aus Deiner seelischen Abhängigkeit von ihnen zu befreien. Sorge statt dessen dafür, daß alles, was Dich nährt, zu einer tiefgreifenden Wandlung Deiner bedürftigen Seiten führt, damit Du nicht länger in einer kindlichen Versorgungshaltung verharren mußt. Du brauchst heute andere Dinge, um Dich genährt zu fühlen als in Deiner Kindheitsphase. Darum laß es zu, daß Deine Bedürfnisse sich wandeln.

Du kannst nun Deine wahren Gefühle nicht länger verdrängen, ohne dafür einen hohen Preis zu zahlen. Stelle Dich Deinem inneren Erleben, auch wenn Dir die damit einhergehenden Emotionen unangenehm sind. Das einzig Schlechte an Deinen Gefühlen ist jetzt, daß Du sie nicht gerne zeigen magst. Ansonsten hat jedes Deiner Gefühle seine Berechtigung, weil es Teil Deines seelischen Empfindens ist. Das heißt nicht, daß bestimmte Gefühle, die Ausdruck früherer Konditionierungen sind, für immer und unabänderlich so bleiben müssen. Auch wenn Du in Deiner Kindheit und in späteren Lebensphasen zahlreiche seelische Kränkungen erlitten hast, so mußt Du Dich dennoch nicht ein Leben lang durch sie in Deinem emotionalen Erleben steuern lassen. Erlöse Dich jetzt von Deinen seelischen Prägungen, damit Du Deinen wahren Gefühlen freien Lauf lassen kannst.

Einen erlösten Umgang mit den Herausforderungen dieses Transits erkennst Du daran, daß Du
- Deine wahren Bedürfnisse erkennst und Dich zutiefst genährt fühlst.
- echte Gefühle zeigst und Dich emotional berühren läßt.
- Deine Seele läuterst.

Einen unerlösten Umgang mit den Herausforderungen dieses Transits erkennst Du daran, daß Du
- ständig Deinen Gefühlen ausgeliefert bist.
- zum Kleinkind regredierst.
- alles haßt, was Dich nähren könnte.

Pluto-Merkur ***Nichts als die Wahrheit***

Jetzt wird es Zeit, mit unbequemen Wahrheiten herauszurücken. Sag, was Du denkst, und laß die üblichen Schmeicheleien sein. Mit jeder Unaufrichtigkeit kannst Du Dich jetzt um Kopf und Kragen reden. Auch Lügen haben in dieser Phase besonders kurze Beine. Dies ist keine Zeit für Smalltalk. Setze Dich mit den Tabus auseinander, die tief in Deinem Kopf vergraben liegen. Richte Deine Wahrnehmung auf das, was Du sonst gerne verdrängst. Es gibt jetzt viel zu entdecken, was üblicherweise unter den Teppich gekehrt wird. Achte jedoch darauf, nicht zwanghaft zu werden, und Braten zu riechen, die gar nicht im Ofen sind. Gehe respektvoll mit den Geheimnissen um, die Du jetzt aufdecken wirst. Lerne, im richtigen Moment schweigsam und diskret zu sein, und mache Dich nicht unnötig zum Überbringer schlechter Nachrichten. Versuche mit der Macht von Worten so umzugehen, daß sie aufdecken, was notwendig ist, ohne unnötigen Schaden anzurichten. Lenke Deine Gedanken in Tiefen, in die Du bislang noch nicht vorgedrungen bist. Der Gott der Unterwelt hat Dir jetzt etwas Wichtiges zu sagen. Hör ihm genau zu, und schrecke nicht davor zurück, der Wahrheit ins Gesicht zu sehen, auch wenn sie unangenehm für Dich ist.

Einen erlösten Umgang mit den Herausforderungen dieses Transits erkennst Du daran, daß Du
- die Wahrheit sagst, auch wenn es unbequem für Dich und andere ist.

- Deine Wahrnehmung vertiefst.
- Deine Gedanken läuterst.

Einen unerlösten Umgang mit den Herausforderungen dieses Transits erkennst Du daran, daß Du
- Dinge sagst, die Dir schaden.
- eine Hiobsbotschaft nach der anderen erhältst.
- nur Gedanken denkst, die Dich fast um Deinen Verstand bringen.

Pluto-Venus ***Die Macht der Liebe***

Jetzt kannst Du durch die Macht der Liebe verwandelt und geläutert werden. Nun mußt Du auch unangenehmen Wahrheiten über Deine Liebesbeziehungen ins Auge sehen, sonst könnte das, was lange unter den Teppich gekehrt wurde, zum Stolperstein für die Liebe werden. Es hilft Dir jetzt nicht weiter, Deine Partner zu hintergehen, weil Du Dich damit letztendlich um einen tiefen und echten Austausch mit ihnen bringst und sie und Dich um die Chance zu einer wahren Liebe betrügst. Du mußt jetzt nicht zwanghaft eifersüchtig werden, um Deiner Liebe mehr Tiefe zu geben. Stelle Dich dennoch der Faszination des Weiblichen, auch als Frau, ohne jedoch zu einer Femme Fatale zu werden oder einer solchen zu verfallen. Transformiere Dein Verständnis von Schönheit, damit sich Dir statt des schönen Scheins die innere Harmonie der Dinge offenbaren kann.

Einen erlösten Umgang mit den Herausforderungen dieses Transits erkennst Du daran, daß Du
- wahrhaftig lieben kannst.
- zu Deiner inneren Schönheit findest.
- die transformatorische Kraft der Liebe erfährst.

Einen unerlösten Umgang mit den Herausforderungen dieses Transits erkennst Du daran, daß Du
- alles zerstörst, was Du liebst.
- weiterhin hoffst, daß geküßte Frösche sich in Prinzen oder Prinzessinnen verwandeln.
- aus jeder Liebe eine mörderische Angelegenheit machst.

Pluto-Mars ***Todesmut***

Jetzt werden die dunklen Seiten Deines Handelns aufgedeckt. Du wirst Deine Ziele nicht länger mit manipulativen Machtspielen erreichen können. Jeder Versuch, anderen übel mitzuspielen, fällt jetzt auf Dich selbst zurück. Der rücksichtslose Gebrauch Deines Schwertes ist jetzt eine zweischneidige Angelegenheit, bei der Du Dich selbst am meisten verletzen kannst. Lerne Dich so zu behaupten, daß Du kein Trümmerfeld hinterlassen mußt.

Stelle Dich todesmutig Deinen Aggressionen und sorge dafür, sie in konstruktive Bahnen zu lenken. Lerne, im richtigen Moment zu kämpfen, und Dich nicht auf jeden sich bietenden Clinch einzulassen. Du kannst jetzt viel erreichen, wenn Du wahrhaftig und ehrlich handelst.

Du kannst jetzt auch viel über Deinen inneren Krieger erfahren. Achte darauf, ihn so einzusetzen, daß er Dich vor Übergriffen und Mißbrauch durch andere schützt. Versuche, nicht zum Spielball von Kräften zu werden, die Du nicht handhaben kannst. Stehe zu Deiner inneren Wahrheit, dann wird Dich nichts mehr aufhalten können.

Einen erlösten Umgang mit den Herausforderungen dieses Transits erkennst Du daran, daß Du
- starke Kräfte zum Erreichen Deiner Ziele entfesselst, ohne ihnen zu verfallen.
- so handelst, daß es Dich wandelt.
- Dich und andere von Deinen Aggressionen erlöst.

Einen unerlösten Umgang mit den Herausforderungen dieses Transits erkennst Du daran, daß Du
- jedem den Krieg erklärst, der sich Dir in den Weg stellt.
- ständig so handelst, als wärst Du in größter Lebensgefahr.
- mit Deiner Willenskraft eine Schneise durch das Leben anderer schlägst.

Pluto-Jupiter ***Kreuzzüge***

Jetzt erwacht der Überzeugungstäter in Dir, denn alles, woran Du glaubst, drängt nun machtvoll nach Ausdruck. Du mußt jetzt keine Kreuzzüge führen, um anderen Deinen Optimismus zu beweisen. Überzeuge statt dessen Dich selbst von der Fülle Deiner

Möglichkeiten, und fange an, mehr aus Deinem Leben zu machen. Vielleicht offenbart sich der Sinn des Lebens für Dich dadurch, daß Du aus dem Vollen schöpfst und Deine Chancen gänzlich ausreizt. Überlege Dir jedoch vorher, wieviel Wachstum Du wirklich verkraften kannst, sonst könntest Du jetzt einen grandiosen Zusammenbruch erleben. Jede Überschätzung Deiner Möglichkeiten wirft Dich jetzt härter auf Dich selbst zurück als sonst, damit Du Dich zu Deinen wahren Zielen und Überzeugungen bekennen kannst.

Einen erlösten Umgang mit den Herausforderungen dieses Transits erkennst Du daran, daß Du
- Dich durch die Kraft Deiner Überzeugungen wandelst.
- zu Deiner wahren Erfüllung findest.
- Dir völlig neue und ungeahnte Wachstumsmöglichkeiten erschließt.

Einen unerlösten Umgang mit den Herausforderungen dieses Transits erkennst Du daran, daß Du
- Dich zum Apostel berufen fühlst.
- zwanghaft Dein Glück aufs Spiel setzt.
- Dir durch Exzesse Schaden zufügst.

Pluto-Saturn ***Strukturwandel***

Das Gebäude, in dem Du Dir Dein Leben eingerichtet hast, ist nun reif für eine gründliche Sanierung. Jetzt wird sich zeigen, was Du auf Sand und was Du auf Fels gebaut hast. Alles, was Dir bisher eine nur vermeintliche oder trügerische Sicherheit und Ordnung gegeben hat, kann und soll jetzt unter Dir zusammenbrechen. Lerne, wie Alexis Sorbas, im Angesicht Deiner Trümmerhaufen zu tanzen, denn was jetzt von Dir geht, das hat sich überlebt.

Befreie Dich aus einengenden Strukturen, und versuche, mit weniger Sicherheiten zu leben. Vertraue darauf, daß alles, was in Deinem Leben Substanz hat, Dich auch in Zukunft tragen wird. Den Rest kannst Du getrost in Schutt und Asche legen. Sämtliche Mauern, die Du errichtet hast, um Deine Ängste im Zaum zu halten, wollen jetzt weggesprengt werden. Selbst der Tod wird jetzt seinen Schrecken verlieren, indem Du begreifst, daß Du ihm nicht entkommen kannst. Nutze die Chance, der Endlichkeit aller Dinge ins Auge zu blicken. Alles Leben ist begrenzt, dagegen kannst Du Dich nicht versichern.

Jetzt wird es Zeit, Dich jeder Verantwortung zu entledigen, die Dich an die Vergangenheit bindet. Deine Zukunft beginnt jetzt, und das ist eine harte Lektion. Klammere Dich nicht an starre Regeln und überkommene Rituale, sondern stelle Dich dem Wandel der Zeit. Du kannst jetzt viel alten Ballast hinter Dir lassen und mit leichterem Gepäck reisen. Du weißt nie, wie lange die Reise noch gehen wird, darum genieße das Unterwegssein.

Einen erlösten Umgang mit den Herausforderungen dieses Transits erkennst Du daran, daß Du
- Dich von tiefsitzenden Ängsten und Blockaden erlöst.
- Deine grundlegenden Lebensstrukturen wandelst.
- es lernst, mit weniger Sicherheiten zu leben.

Einen unerlösten Umgang mit den Herausforderungen dieses Transits erkennst Du daran, daß Du
- zwanghaft alles zerstörst, was Dir bislang Sicherheit und Halt geboten hat.
- keinerlei Verantwortung für Dein Schicksal übernimmst.
- Dich Deiner Endzeitstimmung auslieferst.

Pluto-Chiron ***Salz in der Wunde***

Jetzt werden Wunden aufgerissen, die nie ganz verheilt sind. Lasse es zu, durch den damit verbundenen Schmerz gewandelt und geläutert zu werden, damit Du dein heilsames Potential machtvoll zur Geltung bringen kannst. Indem Du jetzt den wahren Grund für Deine tiefsten Verletzungen erkennst, kannst Du zu einem großen Heiler werden. Du mußt Dich jetzt nicht zwanghaft in Deinen Schmerz verbeißen, um aus Deinen Schwächen jene Kräfte freizusetzen, mit denen Du Dich tiefgreifend wandeln und erlösen kannst. Jede Deiner Wunden kann ein Geschenk für andere sein. Darum mache es ihnen leicht, von Dir beschenkt zu werden, indem Du Dich wahrhaftig zu Deinen Schwachstellen und Handicaps bekennst, statt den verwundeten Helden zu spielen, dem Unrecht widerfahren ist.

Einen erlösten Umgang mit den Herausforderungen dieses Transits erkennst Du daran, daß Du
- durch Deinen Schmerz hindurchgehst, um gesund zu werden.
- Dein Heilungspotential freilegst.
- Deine wunden Punkte zu Deinen Stärken machst.

Einen unerlösten Umgang mit den Herausforderungen dieses Transits erkennst Du daran, daß Du
- ständig Salz in Deine Wunden streust.
- zwanghaft andere heilen möchtest.
- immer wieder von vergifteten Pfeilen getroffen wirst.

Pluto-Uranus ***Radikale Umwälzungen***

Jetzt wird es Zeit, Dich radikal für Deine Freiheit und Unabhängigkeit einzusetzen. Sprenge Deine alten Fesseln, ohne gleich die große Bombe zu zünden. Du mußt kein fanatischer Weltverbesserer werden, um Dein eigenes Leben auf den Kopf zu stellen, und Dich auch nicht zum Opfer gesellschaftlicher Umbrüche machen, bloß weil Du mit Deiner eigenen Freiheit nichts anzufangen weißt. Doch wenn Du jetzt nicht zu neuen Ufern aufzubrechen vermagst, wann dann? Nutze die Chance, Deinem Leben eine völlig neue Wendung zu geben und in eine Zukunft aufzubrechen, in der Du Dich freier als bisher entfalten kannst. Zeige, daß Du ein besonderer Vertreter Deiner Generation bist, der der Welt wirklich Neues zu bieten hat, indem Du konsequent Deine Unabhängigkeit lebst.

Einen erlösten Umgang mit den Herausforderungen dieses Transits erkennst Du daran, daß Du
- offen für radikale Umwälzungen bist.
- Dich von Grund auf aus alten Abhängigkeiten befreist.
- zündende Ideen hast, um die Welt auf den Kopf zu stellen.

Einen unerlösten Umgang mit den Herausforderungen dieses Transits erkennst Du daran, daß Du
- für Deine Freiheit und Unabhängigkeit über Leichen gehst.
- zwanghaft nach Veränderungen strebst.
- zum Opfer kollektiver Umstürze wirst.

Pluto-Neptun ***Im Rausch der Tiefe***

Jetzt brechen Deine tiefsten Sehnsüchte auf, damit Du sie erlösen kannst. Du brauchst jetzt eine wahrhaft spirituelle Lebensausrichtung, damit Dich Deine Sehnsüchte nicht in Sucht und Abhängigkeit führen. Es hilft Dir nun nicht weiter, den Erlöser zu spielen oder irgendwelchen Gurus hinterher zu rennen, um Dich dem Rausch der Tiefe hinzugeben. Lasse Dich statt dessen von Deinen Sehnsüchten zu wahrem Mitgefühl führen, damit Du Dein Einssein mit der Existenz erleben kannst. Du kannst niemand anders retten, solange Du selbst verloren bist und Deinem Dasein die göttliche Orientierung fehlt.

Es ist an der Zeit, daß Du Dir nicht länger falsche Illusionen über Dich und Dein Leben machst. Hör auf, Dich weiterhin um Deine Träume zu betrügen und Dich mit den von den Massenmedien angebotenen Ersatzbefriedigungen zufrieden zu geben. Erkenne statt dessen die göttliche Dimension Deiner Existenz, damit Du Deinem Leben jenen Glanz verleihen kannst, der Dich irgendwann in Frieden von dieser Welt gehen läßt.

Einen erlösten Umgang mit den Herausforderungen dieses Transits erkennst Du daran, daß Du
- Deiner Sehnsucht folgst, um Dich zu wandeln.
- zu einer wahrhaft tiefen Spiritualität findest.
- radikal mit Deinen Süchten und Illusionen brichst.

Einen unerlösten Umgang mit den Herausforderungen dieses Transits erkennst Du daran, daß Du
- Dich für die ganze Welt aufopfern möchtest.
- dem Rausch verfällst.
- Dich mit Deiner Verschmelzungssehnsucht in die Verzweiflung treibst.

Pluto-Pluto ***Innere Bestimmung***

Jetzt wird sich zeigen, ob Du mit Deinen großen Lebensentwürfen aufs richtige Pferd gesetzt hast. Du wirst nun mit kollektiven Notwendigkeiten konfrontiert, die machtvoll in Dein bisheriges Lebenskonzept eingreifen. Die Lektionen, die Du jetzt zu lernen hast, resultieren aus der Tatsache, daß Du auf dieser Welt nicht alleine bist. Es gibt Dinge, die sind größer als Du, und das sollst Du jetzt begreifen. Hadere nicht mit Deinem Schicksal, es liegt nur zum Teil in Deiner Verantwortung. Es kann sein, daß Du jetzt viel einstecken mußt, ohne begreifen zu können, warum es gerade Dich trifft. Nimm die Lektionen ohne zu murren an, und übe Dich in Demut. Es gibt Korrekturen im Leben, die mit rationalen Mitteln nicht zu fassen sind. Stelle Dich Deiner kollektiven Verantwortung und den damit verbundenen Machtfragen. Egal, ob Du jetzt große Durchbrüche oder niederschmetternde Zusammenbrüche erlebst, beides kann Dich wandeln und Deinem wahren Wesen näherbringen.

Einen erlösten Umgang mit den Herausforderungen dieses Transits erkennst Du daran, daß Du
- Dich den wahrhaft großen Lebensfragen stellst.
- Deiner inneren Bestimmung folgst.
- Deine Macht- und Einflußmöglichkeiten nutzt.

Einen unerlösten Umgang mit den Herausforderungen dieses Transits erkennst Du daran, daß Du
- das Gefühl hast, die ganze Welt hätte sich gegen Dich verschworen.
- darum bittest, vom Leben für Deine Sünden bestraft zu werden.
- anderen die Schuld an Deinen großen Lebenskrisen gibst.

(Hinweis: Von entscheidender Bedeutung ist das Quadrat des transitierenden Pluto zu seiner Radixstellung, das aufgrund der stark elliptischen Umlaufbahn von Pluto bei jeder Generation zu einem anderen Lebenszeitpunkt stattfindet. Die Generation der Jahrgänge 1955–1965 beispielsweise erlebt ihr Pluto/Pluto-Quadrat bereits um das 40. Lebensjahr herum, also gemeinsam mit den anderen bereits beschriebenen Transiten der Planeten Saturn, Uranus und Neptun zu deren Radixpositionen. Die Generation der Jahrgänge 1910–1918 erlebte ihr Pluto/Pluto-Quadrat dagegen erst um das 60. Lebensjahr herum, also zu einem wesentlich späteren Lebenszeitpunkt. Es macht einen großen Unterschied, ob die mit dem Pluto/Pluto-Quadrat einhergehende Lebenskrise relativ früh im Leben einsetzt – dann, wenn einschneidende Lebenskorrekturen generell leichter fallen als zu einem späten Lebenszeitpunkt, wo tiefgreifende Wandlungsphasen schwerer zu bewältigen sind.)

Teil II

Den Überblick bewahren

Transitzyklen

Darstellungsmöglichkeiten

Es gibt unterschiedliche Möglichkeiten, den Verlauf von Transiten darzustellen. Manche bevorzugen Tabellen mit genauen Datumsangaben zu den exakten Aspektstellen, anderen gefallen graphische Darstellungsformen besser, die insbesondere den Verlauf von Transiten mit allen Direkt- und Rückläufigkeitszyklen gut erkennen lassen. Nutzen Sie die Möglichkeiten moderner astrologischer Computerprogramme, um selbst die Ihnen gemäße Darstellungsform herauszufinden. Ausführliche Hinweise zu den am Markt erhältlichen Astro-Computer-Programmen liefert Ihnen das Sonderheft *Astrologie & Computer* der astrologischen Fachzeitschrift *Meridian*, das in regelmäßigen Abständen in neuer Überarbeitung beim Ebertin-Verlag in Freiburg erscheint (siehe Literaturhinweise).

Beim Umgang mit Transiten sind trotz der modernen Errungenschaften der Computertechnologie auch Ephemeriden (Gestirnstandstabellen) von großem Nutzen. Sie können durch schnelles Vor- und Zurückblättern in den Ephemeriden sofort den Verlauf von Transiten erkennen und ohne großen Aufwand ein paar Jahre zurückgehen, um frühere Transitphasen von Planeten ausfindig zu machen. Indem Sie sich vergegenwärtigen, wie Sie mit einem ähnlichen Transit, der unter Umständen viele Jahre zurückliegt, umgegangen sind, haben Sie eine gute Grundlage für ein Verständnis der mit dem aktuellen Transit anstehenden Themen.

Orben

Eine vieldiskutierte Frage innerhalb der Astrologie betrifft den Gültigkeitsbereich, innerhalb dessen ein Aspekt zwischen zwei Planeten »wirksam« sein soll. Die Abweichung zwischen der exakten Gradzahl eines Aspekts und dem tatsächlich vorhandenen Gradabstand der am Aspekt beteiligten Planeten wird als Orbis bezeichnet. Steht der transitierende Pluto beispielsweise auf 5° Schütze und der Radix-Mond auf 10° Schütze, dann wird von einer Konjunktion mit 5° Orbis gesprochen. Pluto braucht allerdings noch mehr als 1 Jahr, bis er schließlich auf 10° Schütze und damit in exakter Konjunktion zum Radix-Mond steht.

Eine Frage des Bewußtseins

Orben sind zunächst eine Frage des Bewußtseins. Wer sich selbst gut kennt, der spürt auch die Entwicklungsmöglichkeiten, die mit den Transiten der Planeten einhergehen, besser als jemand, der relativ unreflektiert und unbewußt durchs Leben geht. Das Entscheidende im Leben sind ja nicht so sehr die Ereignisse an sich, die oftmals beim genauen Fälligwerden eines Transits auftreten, sondern der Prozeß, der sie hervorbringt. Und dieser Prozeß setzt wesentlich früher und nicht erst zum Zeitpunkt des exakten Transitübergangs eines Planeten ein.

Eine Frage der Zeit

Orben sind auch eine Frage der Zeit, da größere Transitorben automatisch längeren Transitphasen entsprechen. Ein Orbis von nur 2° beispielsweise umfaßt bei Plutotransiten gegenwärtig in der Regel etwas mehr als 1 Jahr. Ein Orbis von 5° dagegen kann leicht 3–4 Jahren an Transitdauer entsprechen. Die Wahl eines größeren Transitorbis drückt daher aus, daß für die Arbeit an den anstehenden Entwicklungsprozessen mehr Zeit veranschlagt wird als bei einem kleineren Transitorbis.

Keine Engstirnigkeit

In manchen Fällen kommt es vor, daß ein Transitplanet sich einem Radixplaneten bis auf wenige Grade annähert und dann zunächst rückläufig wird, um erst zu einem weitaus späteren Zeitpunkt die exakte Aspektstelle zu überschreiten. In anderen Fällen kann ein Transitplanet bis zu 3–5mal die exakte Aspektstelle transitieren oder sich zu einem späteren Zeitpunkt, nachdem er die exakte Aspektstelle längst überschritten hat, nochmals auf wenige Grade annähern. Lassen Sie sich dadurch nicht in die Irre führen, sondern nehmen Sie einen Orbis, der der üblichen Transitdauer des Planeten bzw. Ihrem individuellen Bewußtsein entspricht.

Zu früh oder zu spät?
Ich werde nie vergessen, wie eine astrologisch bewanderte Freundin von mir an dem Tag, als der transitierende Pluto zum letzten Mal die exakte Aspektstelle zu ihrem Radix-Mond überschritten hatte, auf den glücklichen Verlauf des Transits mit einem Glas Sekt mit mir angestoßen hat. Doch das diesem Tag folgende Jahr war dann voller schmerzhafter Erlebnisse, die alle mit den Themen dieses Transits in Zusammenhang standen. Freuen Sie sich also nie zu früh, aber »leiden« Sie auch nicht länger als notwendig.

Eigene Erfahrungen
Ich persönlich empfehle Ihnen, Ihre eigenen Erfahrungen mit den Orben der Transite zu sammeln. Es kann durchaus sein, daß Sie für die verschiedenen Transitplaneten unterschiedliche Orben veranschlagen müssen, je nachdem, wie gut Sie sich mit den Themen des jeweiligen Transitplaneten »vertragen«. Wir können nicht mit allen durch die Planeten symbolisierten Themenbereichen gleich gut umgehen, und es ist nur natürlich, daß wir auf manche von ihnen besser und kooperativer reagieren als auf andere. Wählen Sie in jedem Fall den Orbis nicht zu eng, damit Sie nicht wichtige Themenbereiche einfach »übersehen«.

Aspekte

Stets das gleiche, aber anders
Egal, welchen Aspekt der transitierende Planet zu einem Radix-Planeten bildet, es geht stets um die gleichen Themen, nur unter jeweils anderen Bedingungen. Quadrate, Oppositionen und bestimmte Konjunktionen werden als Spannungsaspekte bezeichnet, da sie mit einer größeren inneren Spannung und einem ent-

sprechenden Entwicklungsdruck einhergehen, während Sextile und Trigone als harmonisierende Aspekte gelten, da sie Zeiten eines freien und unterstützenden Ausdrucks der beteiligten »Planetenenergien« kennzeichnen.

Bei den im Hauptteil dieses Buches aufgeführten Deutungen wird jeweils zwischen einem erlösten und einem unerlösten Ausdruck der mit den Transiten einhergehenden Themen unterschieden. Generell und grob vereinfachend läßt sich sagen, daß bei Quadraten, Oppositionen und bestimmten Konjunktionen eher mit unerlösten Ausdrucks- und Erlebensweisen zu rechnen ist, während Sextile, Trigone und harmonische Konjunktionen eher auf einen erlösten Umgang hinweisen. Im Einzelfall sind jedoch stets auch davon abweichende Reaktionen möglich, insbesondere bei den Transiten der langsam laufenden Planeten Chiron, Uranus, Neptun und Pluto.

Sammeln Sie Ihre eigenen Erfahrungen, um zu erkennen, inwieweit Sie auf bestimmte Planeten eher in einer erlösten oder einer unerlösten Weise reagieren, unabhängig von den Aspekten, die sie bilden.

Transitdeutung in sieben Schritten

Der folgende Abschnitt enthält eine Anleitung zur Deutung von Transiten in sieben Schritten.

Transitplaneten sind Gästen vergleichbar, die für eine bestimmte Zeit bei uns zu Besuch sind. Es ist wichtig, sowohl die Gäste (Transitplaneten) als auch die Gastgeber (Radixplaneten) gut zu kennen. Die Gäste sind ja keine Unbekannten, da wir mit ihnen bereits aus unserem Geburtshoroskop her mehr oder weniger vertraut sind.

Bedenken Sie bei jeder Transitdeutung, daß Sie die Radixstellung des Transitplaneten berücksichtigen müssen, um zu einer wahrhaft differenzierten Deutung zu gelangen.

1. Schritt: Große Lebensthemen

Überblick

Um einen Überblick über Ihre Lebenssituation zu bekommen, ist es wichtig, daß Sie sich die Transite der Planeten Uranus, Neptun und Pluto durch die Radixhäuser anschauen. Sie spiegeln die großen Lebensthemen wider, vor deren Hintergrund die Transite zu den jeweiligen Radixplaneten ablaufen.

Pluto in den Radixhäusern

Das von Pluto transitierte Haus gibt die gegenwärtige Hauptströmung im Leben wieder. Die Themen dieses Hauses stehen im Mittelpunkt von tiefen inneren Wandlungsprozessen, die sich über viele Jahre erstrecken. Bei unserer durchschnittlichen Lebenserwartung durchläuft Pluto 3–5 unserer insgesamt 12 Radixhäuser. Jeder seiner Hauswechsel stellt eine tiefgreifende Veränderung unserer inneren Lebensausrichtung dar.

Machtvolle Essenz

Kurz bevor Pluto ein Haus verläßt, bricht die Essenz unserer Erfahrungen, die wir während seines Transits durch dieses Haus gesammelt haben, machtvoll an die Oberfläche, und wir versuchen, die abgelaufenen Wandlungsprozesse zu fokussieren, um sie mit größtmöglicher Wirkung zur Entfaltung zu bringen. In diesen Lebensphasen wollen wir Großes erreichen und möglichst viel Erfolg für unsere Transformationsarbeit ernten. Wenn es uns gelingt, unsere persönlichen Erfahrungen in einen kollektiven Bezugsrahmen zu setzen, gleichsam aus dem Persönlichen etwas von allgemeiner Bedeutung zu schaffen, dann stellt der Hauswechsel des transitierenden Pluto einen Höhepunkt in unserem Leben dar, der mit machtvollen Einflußmöglichkeiten einhergehen kann.

Neuanfang

Mit dem Eintritt des transitierenden Pluto in das nächste Radixhaus steht uns ein grundlegender Neuanfang bevor. Wir sind plötzlich von den Lebensthemen, die dieses Haus symbolisiert, fasziniert und nahezu besessen, und verlieren den Lebensbereich des zurückliegenden Radixhauses aus den Augen. Meist werden wir zunächst mit den verdrängten und unerlösten Themenbereichen des neuen Hauses konfrontiert, und wir versuchen zwanghaft, mögliche Erfolge vorwegzunehmen, die wir uns eigentlich erst im Laufe der vielen Jahre, die Pluto dieses Haus transitiert, erarbeiten können. Nicht selten erleben wir daher zunächst einen Zusammenbruch, der uns unsere Grenzen bewußt macht. Diese Grenzen bestehen aus machtvollen innerpsychischen Komplexen, die nun langsam aus unserem Unterbewußtsein auftauchen und uns bewußt machen, was wir innerlich erlösen und transformieren müssen, um im Lebensbereich dieses Hauses wirklich Macht und Einfluß zu haben.

Transformationsprozesse

Verschaffen Sie sich zunächst ein Bild von den Themen, die das von Pluto transitierte Haus betreffen, und wie Sie mit diesen Themen seit dem Eintritt von Pluto in dieses Haus umgegangen sind. Versuchen Sie mögliche Machtkonflikte oder Zusammenbrüche vor dem Hintergrund der anstehenden Wandlungsprozesse zu sehen, und richten Sie Ihre Aufmerksamkeit auf die Entwick-

lungsschritte, die notwendig sind, damit Sie sich aus alten Verhaltensmustern lösen und innerlich transformieren können. Seien Sie möglichst ehrlich zu sich selbst, und stellen Sie sich den unerlösten Aspekten Ihres bisherigen Verhaltens. In bestimmten Fällen ist bei tiefsitzenden Ängsten eine therapeutische Unterstützung unumgänglich, damit Sie nicht länger als Schatten Ihrer selbst durchs Leben gehen, sondern sich von alten Lasten befreien und alle Facetten Ihrer Persönlichkeit ausdrücken können.
Verdrängungsprozesse kosten sehr viel psychische Kraft, die Sie jetzt dringend zur Bewältigung der anstehenden Wandlungsprozesse in bezug auf die von Pluto aufgedeckten Lebensthemen benötigen.

Genügend Zeit
Machen Sie sich klar, wie lange Pluto noch durch dieses Haus transitieren wird und wieviel Zeit Ihnen somit für eine Transformation der damit einhergehenden Themen bleibt. Je eher Sie die Weichen richtig stellen und sich mutig an die Bewältigung Ihrer bislang noch unerlösten Ausdrucksformen machen, desto größer werden die Erfolge sein, die Sie bei seinem Übertritt ins nächste Haus ernten können. Aufgrund der langen Zeitspanne, in der Pluto durch ein Haus wandert, haben Sie in jedem Fall genügend Zeit, sich zu wandeln und zu transformieren.

Neptun in den Radixhäusern
Neptuns Transit durch die Radixhäuser zeigt diejenigen Lebensbereiche an, die wir im Laufe unseres Lebens idealisieren, weil wir sie durch eine rosafarbene Brille betrachten. Indem Sie das von Neptun gegenwärtig transitierte Radixhaus eingehend untersuchen, können Sie feststellen, von welchen Lebensbereichen Sie sich jetzt Erlösung erhoffen, worauf sich Ihre Sehnsüchte so stark richten, daß Sie fast süchtig danach werden und wo Sie am liebsten vor der Realität ausweichen und sich in eine Traum- und Phantasiewelt flüchten möchten.

Neue Träume
Mit dem Wechsel des transitierenden Neptun in das nächste Radixhaus schleichen sich neue Träume und Sehnsüchte in unser Leben ein. Die durch das Haus symbolisierten Themen erscheinen

uns in einem strahlenden Glanz, der uns Erlösung von unseren bisherigen Sorgen verspricht. Wir sehen alles, was mit den Themen dieses Hauses in Zusammenhang steht, in einem romantischen Licht und sind fast süchtig danach, unsere Ziele wie in einem süßen Traum zu erreichen, ohne viel dafür tun zu müssen.

Enttäuschung

Nach dieser romantischen Phase stellt sich jedoch bald Ernüchterung ein, die über viele Jahre andauern kann. Wir müssen erkennen, daß unsere Träume der Realität auf Dauer nicht standhalten können. Meist reagieren wir darauf mit tiefer Enttäuschung und dem totalen Rückzug aus den Lebensbereichen und -themen, die mit dem von Neptun transitierten Haus in Zusammenhang stehen. Es ist, als würde plötzlich vieles aus unserem Leben einfach von der Bildfläche verschwinden. Wir brauchen diese Erfahrung, um innerlich zur Besinnung zu kommen und statt alles mit verschwommen Augen zu sehen, nun einen nüchternen Blick auf die Realität werfen zu können. Nachdem unsere bisherige Projektionsfläche sich aufgelöst hat, können wir unsere inneren Bilder und Träume besser wahrnehmen und als Ausdruck unserer zutiefst spirituellen Sehnsucht nach Erlösung verstehen.

Nächstenliebe

Aus dieser Sehnsucht kann sich im weiteren Verlauf des Neptun-Transits durch das Radixhaus wahre Nächstenliebe entwickeln, durch die wir unser Einssein mit der Welt spüren können. Wir können anfangen, in den Lebensbereichen des Hauses persönliche Interessen zugunsten anderer zu opfern und unser Tun in den Dienst an der Welt zu stellen.

Indem Sie Ihre Erfahrungen in Zusammenhang mit den oben angeschnittenen Themen seit dem Eintritt von Neptun in das gegenwärtig transitierte Haus untersuchen, können Sie feststellen, welche irreführenden Idealisierungen und welches Suchtverhalten Sie zugunsten von Mitgefühl und umfassender Nächstenliebe aufzulösen haben. Am Ende von Neptuns Transit durch dieses Haus sollten Sie nicht länger im siebten Himmel schweben, dafür ein Stück Paradies auf Erden verwirklicht haben und Ihrer inneren Sehnsucht nach Erlösung nähergekommen sein.

Uranus in den Radixhäusern

Uranus-Transite durch die Radixhäuser zeigen an, wo in unserem Leben gerade kleinere und größere Revolutionen und Umbrüche stattfinden, damit wir freier und unabhängiger leben können. Sie zeigen uns die andere Seite der Medaille, damit wir künftig mit mehr Überblick und Gelassenheit mit den durch die Häuser angezeigten Lebensbereichen umgehen können.

Radikale Umstürze

Mit dem Wechsel von Uranus in ein neues Radixhaus neigen wir dazu, in bezug auf die von diesem Haus symbolisierten Lebensbereiche das Kind mit dem Bade auszuschütten. Wir wollen alles auf einmal und das möglichst sofort. Wir stehen innerlich unter Strom und wollen blitzartig alles verändern, weil wir uns eingesperrt und unfrei fühlen. Dies kann uns zu radikalen Umstürzen verleiten, ohne daß wir innerlich auf das Neue wirklich vorbereitet sind.

Rückzugsgefechte

Nach einer Weile merken wir dann plötzlich, daß wir so stark aus dem Rhythmus geraten sind, daß wir uns selbst nicht mehr folgen können. In dieser Phase hält sich Uranus bereits eine Weile im neuen Radixhaus auf, und wir beginnen mit mühsamen Rückzugsgefechten, weil wir uns und anderen zuviele Freiheiten versprochen haben, die wir noch gar nicht aushalten und einlösen können. Ab diesem Zeitpunkt können wir innere Befreiungsprozesse in Gang setzen, weil unsere Umstürze und Revolutionen im Außen uns lediglich auf uns selbst zurückgeworfen haben. Indem wir erkennen, warum wir uns eingesperrt und unfrei fühlen, können wir Abstand gewinnen und mit Überblick die erforderlichen Veränderungen in Angriff nehmen.

Souveränität und Gelassenheit

Am Ende des Transits von Uranus durch ein Radixhaus sollten wir uns innere Autonomie und Unabhängigkeit bezüglich der durch das Haus angezeigten Lebensbereiche erarbeitet haben. Wir sollten nicht länger um jeden Preis anders als andere sein müssen, sondern mit Souveränität und Gelassenheit unseren eigenen Umgang mit den Lebensthemen dieses Hauses entwickelt haben.

Untersuchen Sie nun selbst, wo Sie in bezug auf das von Uranus transitierte Haus und die oben angeschnittenen Themen stehen. Sind Sie schon zur wahren inneren Freiheit durchgebrochen oder immer noch dabei, das Kind mit dem Bade auszuschütten?

Zusammenfassung

Mit dem oben skizzierten Vorgehen sollten Sie nun in der Lage sein, die großen Lebensthemen anhand der Transite von Uranus, Neptun und Pluto durch die Radixhäuser zu erkennen. Fassen Sie in einem abschließenden Schritt nochmals zusammen, in welchen Lebensbereichen tiefgreifende Wandlungsprozesse stattfinden sollen (Pluto), wo Sie nach spiritueller Erlösung und wahrem Mitgefühl suchen (Neptun) und was Sie innerlich zu befreien haben (Uranus).

Nach diesem großen ersten Schritt folgt nun ein zweiter Schritt, der je nach individuellem Bewußtsein größer oder kleiner ausfallen wird.

2. Schritt: Krisen- und Wandlungsphasen

Auf ihrem Weg durch die Radixhäuser bilden Uranus, Neptun und Pluto auch Transitaspekte zu anderen Radixplaneten. Von herausragender Bedeutung sind dabei die Konjunktionsphasen mit den Planeten, die sich in den von Uranus, Neptun und Pluto transitierten Häusern befinden, da diese einen Neuanfang in bezug auf die Themen der Radixplaneten symbolisieren und zugleich gewisse Höhepunkte des Transitezyklus der Langsamläufer durch die Häuser darstellen. Natürlich sind auch die Transitaspekte zu Radixplaneten, die sich in anderen als den transitierten Häusern befinden, von Bedeutung und entsprechend zu berücksichtigen.

Die Transite von Uranus, Neptun und Pluto zu den Radixplaneten stellen besondere Krisen- und Wandlungsphasen innerhalb der großen Lebensthemen ihres Häuserzyklus' dar. Die damit zusammenhängenden Themen sind jedoch erst vor dem Hintergrund ihrer Häusertransite richtig zu deuten und vollständig zu verstehen.

Individuelle Deutungen

Wie die Transite von Uranus, Neptun und Pluto zu den Radixplaneten allgemein gedeutet werden können, wird im Hauptteil dieses Buches in den jeweiligen Planetenkapiteln ausführlich beschrieben. Sie können für Ihre individuelle Deutung nun die ebenfalls beschriebenen Häusertransite hinzunehmen, und so zu einem vertieften Verständnis der angesprochenen Thematik gelangen. Hierzu ein Deutungsbeispiel:

Beispiel

Angenommen, Pluto transitiert gegenwärtig das 3. Haus und wird innerhalb der nächsten 3–4 Jahre ins 4. Haus wechseln. Wie oben erwähnt, soll in dieser Phase die Essenz dessen, was im 3. Haus erarbeitet wurde, machtvoll nach außen hin ausgedrückt werden. Vielleicht hat die betreffende Person sich während des Pluto-Transits durch das 3. Haus viel neues Wissen angeeignet, eine umfassende Ausbildung gemacht und zu einem anderen Umgang mit ihrer unmittelbaren Umgebung gefunden.

Angenommen, der transitierende Pluto trifft nun auf Venus, die sich 7° vor dem Ende des 3. Hauses befindet. Dies bedeutet zunächst, daß die betreffende Person sich durch die Liebe wandeln soll. Vor dem Hintergrund des 3. Hauses heißt dies, daß das Thema Liebe vor allem im Kontakt zu den Menschen der unmittelbaren Umgebung des Betreffenden von Bedeutung ist. Es kann daher sein, daß der Betreffende nun sein im 3. Haus gesammeltes Wissen auf das Thema Liebe anwendet, indem er beispielsweise über dieses Thema mit anderen in Austausch tritt, darüber schreibt oder Vorträge hält.

Die Deutung des Pluto-Transits zur Radix-Venus wird also durch die Hausstellung modifiziert und verfeinert. Die Zeichenstellung der Venus spielt dabei ebenfalls eine Rolle: Eine Skorpion-Venus geht anders mit dem Thema Liebe um als eine Schütze-Venus. Wird dann noch die Radixstellung des transitierenden Pluto mitsamt Aspekten zu anderen Planeten berücksichtigt, entsteht eine differenzierte Deutung dieses Pluto-Transits.

Wenn Sie sich auf diese Weise die hauptsächlichen Krisen- und Wandlungsphasen erarbeitet haben, können Sie nun den nächsten Schritt wagen.

3. Schritt: Reifungsphasen

Erntezeit

Markante Reifungsphasen unseres Lebens werden durch Saturn-Transite symbolisiert. Untersuchen Sie daher das von Saturn transitierte Haus und die Aspekte, die er gerade zu den Radixplaneten bildet. Bei herausfordernden Aspekten (Konjunktionen, Quadrate und Oppositionen) des transitierenden Saturn zu Radixplaneten ist es wichtig, daß Sie sich zunächst ein Bild davon machen, wie Sie etwa 7 Jahre zuvor, als Saturn ebenfalls einen herausfordernden Aspekt zu diesen Radixplaneten bildete, mit den dadurch angeschnittenen Themen umgegangen sind. Saturn konfrontiert uns stets mit unerledigten »Geschäften« aus der Vergangenheit, bietet jedoch auch Chancen zur Ernte dessen, was wir uns zwischenzeitlich hart erarbeitet haben. Indem Sie frühere Transitphasen von Saturn untersuchen, können Sie erkennen, was noch zur Erledigung ansteht und wo Sie etwas zu ernten haben.

Manifestationsphasen

Saturn-Transite sind Manifestationsphasen. Wir können sie nutzen, um bestimmte Entwicklungsschritte konkret zu verwirklichen und bleibende Spuren zu hinterlassen. Anhand des von Saturn transitierten Hauses können Sie erkennen, in welchen Lebensbereichen Sie nun konkret werden sollen und welche Themen Sie dabei ernst nehmen sollen (Transitaspekte zu Radixplaneten).

4. Schritt: Wachstums- und Entwicklungsphasen

Neue Möglichkeiten

Größere Wachstumsphasen in unserem Leben werden durch Jupiter-Transite symbolisiert. Untersuchen Sie daher das von Jupiter transitierte Haus und seine Transitaspekte zu Radixplaneten, um Ihre gegenwärtigen Wachstumsmöglichkeiten zu erkennen.

Jupiter-Transite stellen auch Gelegenheiten dar, uns neue Möglichkeiten zu erschließen und das darin liegende Glück beim Schopfe zu packen. Anhand der Themenbereiche des von Jupiter transitierten Hauses können Sie daher erkennen, wo Sie innerlich wachsen und sich neuen Entfaltungsmöglichkeiten öffnen können, um Ihren Umgang mit diesem Lebensbereich zu optimieren und Ihre Chancen nutzen zu können.

Passive Glückserwartung

Versprechen Sie sich nicht zuviel von Jupiter-Transite. Das Glück liegt zwar manchmal auf der Straße, aber wir müen uns dennoch bücken, um es zu ergreifen. Im übertragen Sinne bedeutet dies, daß Sie bei Jupiter-Transiten mit eine passiven Glückserwartung keine großen Erfolge erwarten dün. Nur wenn Sie Ihren Horizont erweitern und sich innerli öffnen, können neue Möglichkeiten in Ihr Leben treten.

5. Schritt: Aktivitätsphasen

Mars macht mobil

Um im Leben vorwärts zu kommen, müssen wi sere Kräfte mobilisieren. Mars-Transite zeigen an, in welche ebensbereichen wir aktiv werden und uns durchsetzen solle Untersuchen Sie daher das von Mars transitierte Haus und sei ransitaspekte zu den Radixplaneten, um zu erkennen, wo hrem Leben gerade Ihr ganzer Energie- und Krafteinsatz g ert ist, damit Sie Ihre Ziele erreichen können.

Von besonderer Bedeutung sind die etwa Jahre einsetzenden Rückläufigkeitszyklen von Mars. In di eit hält er sich besonders lange in einem bestimmten Absch res Horoskops auf, damit Sie den dadurch symbolisierten ensbereich mit Energie aufladen und sich dort mit Nachdr elbst behaupten können.

6. Schritt: Die kleinen Höhe d Tiefen des Alltags

Kleine Gelegenheiten

Die Transite von Sonne, Mond, Merkur enus symbolisieren die kleinen Höhen und Tiefen des A Sie stellen oftmals

Gelegenheiten dar, die wir aufgrund ihrer kurzen Zeitspanne nicht immer zu nutzen wissen. Wir verpassen dann beispielsweise die Gelegenheit zu einem netten Gespräch mit einem geliebten Menchen (Transit-Merkur Sextil Radix-Venus) oder versäumen es, anderen seelisch nahe zu sein (Transit-Mond im 7. Haus), weil wir s sehr mit anderen Dingen beschäftigt sind, daß wir nicht genau genug hinspüren. Wie Sie die Gelegenheiten, die sich aus den T nsiten von Sonne, Mond, Merkur und Venus ergeben, nutzen können, ist im Hauptteil dieses Buches in den jeweiligen Planet kapiteln ausführlich beschrieben. Was Sie jedoch daraus machen hängt weitgehend auch von Ihrem bewußten Umgang mit sich elbst und anderen ab.

Auslöse nktion

Zu beac n ist auch die Auslöserfunktion der schnell laufenden Planeten ngenommen, Sie haben einen Pluto-Transit zu Ihrer Radix-V s, dann erstreckt sich dieser über 2 Jahre und mehr. Bildet nu e transitierende Venus einen Aspekt zu Ihrem Radix-Pluto, wa nerhalb dieser 2 Jahre mehrmals der Fall ist, dann fungiert er nur wenige Tage dauernde Transit oftmals als Auslöser diejenigen Themen, die für Sie mit dem Pluto-Transit zu r Radix-Venus anstehen.

Ein bes rs schneller Auslöser ist auch der transitierende Mond, da nnerhalb eines Monats einmal über alle Radix-Planeten lä In manchen Fällen ist auch der Herrscher des Aszendente Planet mit starker Auslösungsfunktion oder der Herrscher auses, das durch den Transit eines langsam laufenden Plan berührt wird. Sammeln Sie Ihre eigenen Erfahrungen, dan Ihre individuellen Auslöser im Laufe der Zeit besser kenne n.

hritt: Zusammenführung

Wenn Sie die riebenen Deutungsschritte der Reihenfolge nach durchgeg sind, dann dürfte Ihnen nun die Zusammenführung der z enden Transite leicht fallen. Wenn Sie die Häusertransite aneten und deren Transite zu den Radixplaneten vollstä erücksichtigen, dann haben Sie es, bei einem Ihrem individuellen Bewußtsein entsprechenden Transitorbis, täglich mit 25–50 Transiten gleichzeitig zu tun.

Da die großen Lebensthemen sowie Krisen- und Wandlungsphasen, wie sie von den langsam laufenden Planeten Uranus, Neptun und Pluto angezeigt werden, sich jedoch nicht täglich ändern, sondern über längere Zeiträume erstrecken, haben Sie bereits einen Großteil der Deutungsarbeit geleistet, wenn Sie sich in größeren Zeitabständen die damit zusammenhängenden Themen vergegenwärtigen. Auch die Reifungs- und Wachstumszyklen von Saturn und Jupiter erstrecken sich über längere Zeiträume und müssen nicht täglich neu beachtet werden. Sie können sich dann bei Ihrem Umgang mit Transiten auf die schnell laufenden Planeten und die damit zusammenhängenden kleinen Höhen und Tiefen des Alltags konzentrieren und im großen Gesamtkonzert der Planeten auch die kleinen Zwischentöne hören, die für den Kenner das Salz in der Suppe darstellen.

Ein Leben voller Überraschungen

Ich wünsche Ihnen viel Erfolg für Ihre durch die Planetentransite angezeigten persönlichen Wachstumsprozesse und hoffe, daß Sie von nun an nicht ständig in den Ephemeriden blättern, sondern Ihr Leben neben den sicherlich notwendigen Reflektions- und Besinnungsphasen auch frisch und unbelastet zu gestalten vermögen. Ihnen stehen stets mehr Möglichkeiten offen als Sie sich anhand der Transite jemals vorstellen können. Das Leben ist ein kreativer und schöpferischer Prozeß, der immer wieder Überraschungen bereithält.

Literaturhinweise

Obwohl der Großteil meines Wissens durch den Austausch mit meinen Lehrern, Schülern und Klienten erweitert und vertieft worden ist, haben stets auch Bücher meinen astrologischen Weg begleitet. In der nachfolgend aufgeführten Literatur sind zahlreiche Anregungen zur Deutung von Horoskopen und Transiten enthalten. Der Arbeit der Autorinnen und Autoren gilt mein Respekt und meine Anerkennung, auch wenn ich im Einzelfall teilweise zu anderen Schlußfolgerungen und Aussagen gelangt bin als sie.

Bücher für Einsteiger und zum Verständnis astrologischer Deutungsgrundlagen

Arroyo, Stephen, *Handbuch der Horoskopdeutung*, Hier & Jetzt, 1993

Banzhaf, Hajo & Haebler, Anna, *Schlüsselworte zur Astrologie*, Hugendubel, 1994

Boot, Martin, *Das Horoskop*, Knaur TB, 1993

Jehle, Markus, *Wenn der Mond im siebten Hause steht . . .*, Ebertin, 1996

Niehenke, Peter, *Astrologie – Eine Einführung*, Reclam Gelbe Reihe, 1994

Riemann, Fritz, *Lebenshilfe Astrologie*, Pfeiffer, 1976

Bücher zur Deutung von Transiten

Hand, Robert, *Das Buch der Transite*, Hugendubel, 1984

Lundstedt, Betty, *Transite, Gezeiten des Lebens*, Urania, 1987

March, Marion & McEvers, Joan, *Lehrbuch der astrologischen Prognose*, Ebertin, 1993

Negus, Joan, *Transite, Chancen zur Verwandlung*, Hier & Jetzt, 1994

Reinhart, Melanie, *Chiron, Heiler und Botschafter des Kosmos*, Edition Astrodata, 1993

Rudhyar, Dane & Leila, *Astrologische Aspekte*, Hier & Jetzt, 1992
Sasportas, Howard, *Götter des Wandels*, Knaur-TB, 1991

Bücher, die Hinweise zum Thema Transite bzw. Prognose enthalten

Albaugh, Stephen & Ehresman, Nancy, *Die Wiederkehr des Saturn*, Chiron, 1997
Arroyo, Stephen, *Astrologie, Karma und Transformation*, Hugendubel, 1980
Greene, Liz, *Saturn*, Hugendubel, 1976
Greene, Liz, *Schicksal und Astrologie*, Hugendubel, 1985
Cunningham, Donna, *Erkennen und Heilen von Pluto-Problemen*, Urania, 1987
Cunningham, Donna, *Astrologie und Energiearbeit*, Hier & Jetzt, 1993
Cunningham, Donna, *Astrologie und spirituelle Entwicklung*, Hier & Jetzt, 1994
Kirby, Babs & Stubbs, Janey, *Solare und Lunare*, Hier & Jetzt, 1993
Rudhyar, Dane, *Astrologie der Persönlichkeit*, Hugendubel, 1979

Bücher zum allgemeinen Verständnis menschlicher Entwicklungszyklen

Erikson, Erik, *Identität und Lebenszyklus*, Suhrkamp, 1973
Filipp, S. H. (Hrsg.), *Kritische Lebensereignisse*, 2. Aufl., PVU, 1990
Oerter, Rolf & Montada, Leo (Hrsg.), *Entwicklungspsychologie*, 3. Aufl., PVU, 1995
Rosenmayr, L. (Hrsg.), *Die menschlichen Lebensalter – Kontinuität und Krisen*, Piper, 1978
Zimbardo, Philip, *Psychologie*, 6. Aufl., Springer, 1995

Astrologie-Software

Einen umfassenden Überblick über alle gängigen Computerprogramme für Astrologen bietet das Sonderheft *Astrologie & Computer* der astrologischen Fachzeitschrift *Meridian*, das in regelmäßiger Überarbeitung im Ebertin-Verlag erscheint.

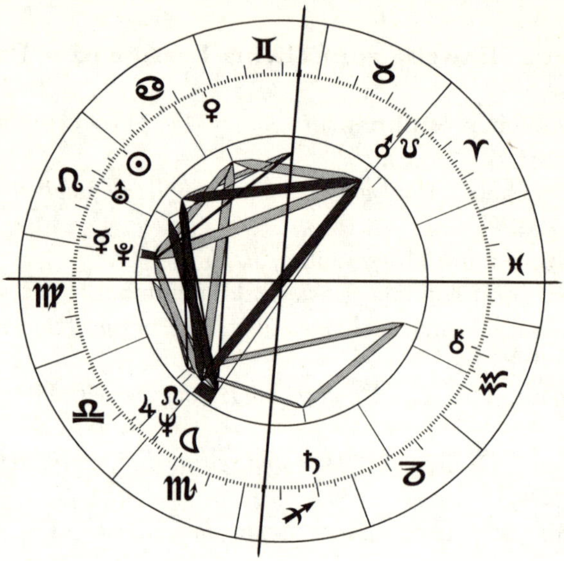

Markus Jehle, geboren am 24. 7. 1958 um 8.38 Uhr (MEZ) in Lörrach, Diplom-Psychologe und gepr. Astrologe DAV, ist Chefredakteur der astrologischen Fachzeitschrift *Meridian* und Leiter des Astrologie-Zentrums Berlin. Bei Interesse an astrologischen Beratungen, Seminaren und Ausbildungen wenden Sie sich bitte an:

Astrologie-Zentrum Berlin
Möckernstr. 68
10965 Berlin
Tel. & Fax 0 30/7 85 84 59

Ein Probeheft des *Meridian* erhalten Sie beim:

Ebertin-Verlag
Kronenstr. 2–4
79100 Freiburg
Tel. 07 61/7 08 20

Ebertin Verlag · Freiburg im Breisgau

Der leichte Einstieg in die Astrologie

Markus Jehle

Wenn der Mond im siebten Hause steht...

Kreative Astrologie für Einsteiger

226 Seiten mit 14 Zeichnungen; kartoniert;
ISBN 3-87186-083-2

Das ungewöhnliche Lehrbuch von Markus Jehle vermittelt astrologisches Wissen auf eine völlig neue Weise: Statt vorgefertigte Deutungsrezepte nachzuvollziehen, kann der interessierte Leser hier schnell zu einem schöpferischen Umgang mit der astrologischen Symbolsprache gelangen, die ihn innerhalb kurzer Zeit zu einer eigenständigen und kreativen Deutung von Horoskopen befähigt.

Das Buch umfaßt die wichtigsten Grundlagen der Astrologie, wie Planeten, Zeichen, Häuser und Aspekte. Der Autor gibt dem Leser mit Frage- und Checklisten vielfältige Anregungen zum selbständigen Erarbeiten eigener Horoskopdeutungen an die Hand. Zahlreiche praxisbezogene Lern- und Übungsschritte garantieren einen leichten und dennoch fachlich fundierten Einstieg in die Horoskopdeutung.

Ebertin Verlag · Freiburg im Breisgau

Ebertin Verlag · Freiburg im Breisgau

Ebertin Verlag · Freiburg im Breisgau

Ebertin Verlag · Freiburg im Breisgau

Marion D. March/Joan McEvers

Lehrbuch der Partnerschaftsastrologie

302 Seiten mit 103 Horoskopabbildungen, kartoniert
ISBN 3-87186-079-4

Dieses Buch erklärt die Methoden und Regeln der Partnerschaftsastrologie in lebendiger und anschaulicher Weise, die nicht nur beim Lesen, sondern auch in der Praxis großen Spaß macht. Die Autorinnen beschreiben, wie aus dem Geburtshoroskop verschiedene Beziehungsmuster ermittelt werden können. Desweiteren werden die Techniken des Horoskopvergleiches ausführlich dargestellt (Synastrie).
Das Buch befaßt sich auch mit den sogenannten Composit-Horoskopen und bietet somit einen umfassenden Überblick über die Anwendung aller relevanten Methoden der Partnerschaftsastrologie.

Ebertin Verlag · Freiburg im Breisgau

Ebertin Verlag · Freiburg im Breisgau

Erik van Slooten

Lehrbuch der Stundenastrologie

Fragen und Antworten aus dem Horoskop des Augenblicks

225 Seiten mit 36 Horoskopabbildungen, kartoniert
ISBN 3-87186-078-6

Die Stundenastrologie ist eine Kunst, die darin besteht, für einen bestimmten Augenblick ein Horoskop zu stellen und aus diesem Horoskop Antworten und Entwicklungen auf die gestellte Frage zu erkennen. Das *Lehrbuch der Stundenastrologie* ist eine ausgezeichnete Einführung in die Kunst der Stundenastrologie und kann sehr gut zur Beantwortung eigener Fragen benutzt werden. Dieses Buch stellt die Stundenastrologie auf eine Grundlage, die dem psychologischen Denken unserer Zeit entspricht.

Ebertin Verlag · Freiburg im Breisgau